# DAS **WÄRMT** DIE **SEELE**

Hölker Verla[g]

5 4 3 2 1 19 18 17 16 15
978-3-88117-990-4

Fotos: © picture alliance/Foodcollection
Layout und Satz: Tina Agard Grafik & Buchdesign
Lektorat: Silke Martin
Redaktion: Kathrin Nick


www.hoelker-verlag.de

CLAUDIA BOSS-TEICHMANN

# DAS WÄRMT DIE SEELE

Hölker Verlag

# EINLEITUNG

## DAS WÄRMT DIE SEELE

Wenn sich der Herbst mit kürzer werdenden Tagen, kalten Nächten und Frühnebel ankündigt, verändert sich auch das Angebot an heimischem Obst und Gemüse. Jetzt gibt es Birnen, Äpfel und Quitten aus neuer Ernte in Hülle und Fülle. Beim Gemüse sind die leuchtend orangefarbenen Kürbisse die auffälligsten Boten der kühleren Jahreszeit. Auch Waldpilze, Nüsse und Maronen bereichern den Speiseplan. Sind Kürbisgerichte schon seit längerer Zeit wieder beliebt, werden in den letzten Jahren zunehmend Gemüsesorten wie Weißkohl, Steckrüben, Pastinaken oder Rote Beten wiederentdeckt: Neben Traditionsgerichten aus der Regionalküche lassen sich damit auch neue, kreative Gerichte zaubern, die Anleihen aus den Küchen Südeuropas oder Asiens nehmen. Wild hat in den Herbst- und Wintermonaten ebenfalls Hochsaison und ergänzt die Menüauswahl um edle Variationen.

In der kälteren Jahreszeit gibt es also viele Anreize, Abschied von den Sommergerichten zu nehmen und etwas Neues auszuprobieren oder mal wieder einen Klassiker wie Linseneintopf oder Gulaschsuppe zuzubereiten. Jetzt ist es besonders gemütlich, mit der Familie oder Freunden zusammenzusitzen und ein wärmendes Schmorgericht, einen Eintopf oder Herzhaftes aus dem Backofen zu genießen (siehe Kap. WÄRME VON INNEN und ECHTE SEELENWÄRMER). Heiße Gewürzschokolade, Tee oder Punsch hellen trübe Nachmittage auf und tun jetzt einfach gut (siehe Kap. GLUCK, GLUCK, GLÜCK). Das Gleiche gilt für Plätzchen und andere Naschereien, die nur im Winter schmecken: Schon der verführerische Duft von Vanillebratäpfeln oder Gewürzkuchen zaubert eine heimelige Stimmung (siehe Kap. WARM UMS HERZ). Nicht umsonst haben Gewürze wie Zimt, Kardamom oder Nelken schon lange in der Weihnachtsbäckerei Platz: Sie wärmen von innen. Das gilt auch für Meerrettich, Chili, Zitronengras oder Curry – pikant oder scharf Gewürztes ist bei Kälte besonders wohltuend (siehe Kap. JETZT WIRD'S HEISS).

Viele gute Gründe also, die kältere Jahreszeit bewusst zu erleben und Wärmendes für die Seele zu genießen!

## TIPPS UND TRICKS FÜR WINTERLICHE GERICHTE

- Wenn die verwendeten Gewürze wie Pfefferkörner, Koriander oder Kreuzkümmel vor der Verarbeitung in der Pfanne ohne Fett kurz angeröstet werden, entwickeln sie ihr volles Aroma.
- Frische Kräuter erst ganz zum Schluss zugeben und nicht mitkochen.
- Damit sich die Gerichte schnell zubereiten lassen, wird bei der Verwendung von Fleisch- oder Gemüsebrühe auf Instantpulver verwiesen. Natürlich kann man eine Brühe auch frisch zubereiten, dann am besten in größeren Mengen, die portionsweise eingefroren werden können.

## HINWEISE ZU DEN REZEPTEN

- Die Rezepte sind für vier Personen berechnet. Viele Suppen und Eintopfgerichte bieten sich allerdings auch dafür an, dass man eine doppelte Menge auf Vorrat zubereitet und einfriert.
- Nicht alle Wintergerichte müssen lange schmoren oder backen – das Symbol kennzeichnet alle Gerichte, die in weniger als 30 Minuten zubereitet werden können.
- Vegetarische Gerichte sind mit dem Symbol VEG gekennzeichnet.

# WÄRME VON INNEN

## SUPPEN & EINTÖPFE

VEG

# KÜRBIS-ORANGEN-SUPPE

**1 kg Hokkaido-Kürbis** entkernen und in Stücke schneiden (der Hokkaido muss nicht geschält werden). **1 Zwiebel** und **1 Stück Ingwer (3 cm)** schälen und würfeln. Den Saft von **4 Saftorangen** auspressen. **1 EL Öl** in einem großen Topf erhitzen, Zwiebel darin bei geringer Hitze in ca. 5 Min. glasig dünsten. Ingwer und Kürbis dazugeben, **1/2 TL Cayennepfeffer** und **1 Prise Currypulver** darüberstreuen und einige Min. mitdünsten. Mit **600 ml Gemüsebrühe (Instant)** aufgießen, aufkochen und den Kürbis bei geringer Hitze in ca. 15 Min. weich kochen. Die Suppe mit dem Pürierstab pürieren. Den Orangensaft und **400 ml Kokosmilch (Dose)** dazugeben, die Suppe nochmals aufkochen und mit **Salz, Pfeffer** und **Rohrzucker** abschmecken. **Tipp:** Die Hälfte des Kürbisses kann durch Süßkartoffeln ersetzt werden.

# KASSELER-GEMÜSE-EINTOPF

**1 1/2 l Gemüsebrühe** aufkochen, **250 g gelbe Schälerbsen** hineingeben und bei milder Hitze ca. 15 Min. garen. **500 g Kasseler am Stück** dazugeben und weitere 45 Min. zugedeckt garen. Inzwischen **1 Bund Suppengrün** in kleine Würfel schneiden, **1 rote Chilischote** entkernen und in Ringe schneiden, **500 g Kartoffeln** schälen und ebenfalls klein würfeln. Gemüse, Chili und Kartoffeln 10 Min. vor Ende der Garzeit des Kasselers in die Suppe geben und mitgaren. Das Kasseler herausnehmen und in Würfel schneiden, wieder in die Suppe geben, erwärmen und alles mit **Salz, Pfeffer** und **1 Prise Muskat** abschmecken. Die Blättchen von **1/2 Bund Petersilie** abzupfen, grob hacken und unter den Eintopf rühren.

# LINSENEINTOPF MIT WÜRSTCHEN

**50 g durchwachsenen Speck** würfeln. **2 Zwiebeln** schälen und würfeln. **300 g Möhren** und **300 g Staudensellerie** schräg in ca. 1 cm dicke Scheiben schneiden. **400 g festkochende Kartoffeln** schälen und in 2 cm große Würfel schneiden. Den Speck in **1 EL Öl** knusprig braten. Zwiebeln, Möhren und Sellerie zugeben und unter Rühren kurz anbraten. **200 g Tellerlinsen, 2 TL edelsüßes Paprikapulver** sowie **1 TL Kümmel** untermischen. **1 1/2 l heiße Fleischbrühe (Instant)** zugeben, aufkochen und bei kleiner Hitze ca. 45 Min. kochen. Nach ca. 30 Min. die Kartoffeln zugeben. **2 Debrecziner oder ungarische Paprikawürste** im Eintopf erwärmen. Den Eintopf mit **Salz** und **Pfeffer** sowie ca. **1 EL Essig** abschmecken. Die Würste herausnehmen, in Scheiben schneiden und wieder in den Eintopf geben. Mit **1 EL gehackter Petersilie** bestreut servieren.

Linseneintopf mit Würstchen, S. 12

# PETERSILIENWURZELSUPPE

**500 g Petersilienwurzeln** schälen und klein würfeln. **1 Stange Porree** in dünne Ringe schneiden, **2 Kartoffeln** schälen und klein würfeln. **1 EL Butter** in einem Topf erhitzen und das Gemüse darin einige Min. dünsten. Mit **800 ml Gemüsebrühe (Instant), 50 ml Sahne** und **150 ml Milch** aufgießen und das Gemüse in ca. 10 Min. weich kochen. Inzwischen die Blättchen von **1/2 Bund Petersilie** abzupfen und fein hacken. Von **1 Bio-Zitrone** 1 TL Schale fein abreiben und mit der Petersilie mischen. Mit **4 EL Traubenkernöl (ersatzweise mildem Olivenöl)** verrühren. Die Suppe mit **Salz** und **Pfeffer** abschmecken, auf vier Teller verteilen und je 1 EL des Petersilienöls daraufträufeln. **Tipp:** Dünn geschnittene und in Öl frittierte Petersilienwurzelscheiben sind eine raffinierte Suppen-Einlage.

# WINTER-MINESTRONE

**250 g kleine Muschelnudeln** in Salzwasser knapp bissfest kochen, abgießen und abtropfen lassen. **400 g Cabanossi** in Scheiben schneiden, in einer Pfanne ohne Fett knusprig braten und herausnehmen. **1 Dose weiße Bohnenkerne (425 ml)** abtropfen lassen. **2 Zwiebeln** schälen und in Streifen, **1 Stange Porree** in Ringe schneiden, **1/2 Stange Staudensellerie** und **2 Möhren** klein schneiden. Gemüse im ausgebratenen Wurstfett andünsten. **Einige Stängel Thymian** und **1 getr. Lorbeerblatt** zugeben. **750 ml Gemüsebrühe** und **1 Dose geschälte, gehackte Tomaten (425 ml)** dazugießen. Mit **Salz** und **Pfeffer** würzen. Gemüse zugedeckt bei schwacher Hitze etwa 10 Min. garen. Bohnenkerne und Wurst dazugeben und weitere 5 Min. köcheln. Nudeln hinzufügen und Minestrone noch einmal kurz aufkochen. Mit **1 EL gehackter Petersilie** bestreut servieren.

# FISCHEINTOPF

**50 g Fenchel** grob hacken. **1 Zwiebel** ungeschält halbieren und mit Fenchel, **2 Lorbeerblättern** und **1 TL Pfefferkörnern** in **2 EL Öl** ca. 2 Min. anrösten. Mit **1 l Gemüsebrühe (Instant)** ablöschen und aufkochen. **Einige Safranfäden** und **je 1/2 Bund Dill und Petersilie** zugeben. Offen bei milder Hitze ca. 15 Min. kochen. **400 g Kabeljaufilet** in mundgerechte Stücke schneiden und mit **Salz** und **Pfeffer** würzen. **1 rote Chilischote** entkernen und in Ringe schneiden. **250 g Möhren** schälen und **200 g Fenchel** längs halbieren. Beides in dünne Scheiben schneiden. Die Brühe durch ein Sieb in einen Topf gießen und aufkochen. Fenchel, Möhren, Fisch und Chili hineingeben und zugedeckt bei mittlerer Hitze ca. 8 Min. gar ziehen lassen. **Fenchelgrün** grob hacken. Eintopf mit **1–2 TL Zitronensaft,** Salz und Pfeffer würzen und mit dem Fenchelgrün bestreut servieren.

# WIRSING-BOHNEN-EINTOPF

VEG

**600 g Wirsing** in feine Streifen schneiden. **3 rote Zwiebeln** schälen, halbieren und in feine Streifen schneiden. **25 g getr. Tomaten** ebenfalls in feine Streifen schneiden. **2 EL Olivenöl** in einem Topf erhitzen. Wirsing, Zwiebeln und Tomaten darin ca. 2 Min. andünsten. **1 l Gemüsebrühe (Instant)** zugießen. Den Eintopf zugedeckt bei milder Hitze ca. 15 Min. kochen lassen. Die Blättchen von **1 Bund glatter Petersilie** von den Stielen zupfen und fein hacken. **40 g Mandeln** hacken, mit Petersilie, 1 EL abgeriebener Schale von **1 Bio-Zitrone, 40 g Semmelbröseln, Salz, Pfeffer, 1 Prise Muskat** und **6 EL Olivenöl** verrühren. **425 g weiße Bohnen (Dose)** in einem Sieb abspülen. Die Blättchen von **1/2 Bund Thymian** abzupfen und mit den Bohnen in den Eintopf geben. Kurz erhitzen, salzen und pfeffern. Das Mandelpesto in Schälchen dazu servieren.

VEG

# DEFTIGE KÄSESUPPE

**50 g Butter** in einem Topf zerlassen und **30 g Mehl** darin anschwitzen. Mit **250 ml Weißwein** ablöschen. **500 ml Gemüsebrühe (Instant)** und **500 ml Milch** nach und nach mit dem Schneebesen unterrühren. **200 ml Sahne** zugeben. **1 Knoblauchzehe** schälen und fein hacken. Suppe mit Knoblauch, **Salz, Pfeffer** und **Muskat** würzen. Die Suppe ca. 2 Min. offen kochen. **200 g Gruyère** grob raspeln und in die Suppe einrühren. Unter ständigem Rühren ca. 5 Min. weiterkochen. **2 Scheiben Bauernbrot** würfeln und in **4 EL Olivenöl** goldbraun rösten. Die Blättchen von **1/2 Bund Petersilie** abzupfen und hacken. Die Suppe mit den Brotwürfeln und der Petersilie bestreut servieren. **Tipp:** Wenn Ihnen die Suppe zu dick ist, können Sie noch etwas Gemüsebrühe zugießen.

# ENDIVIENSUPPE

VEG

**1 Kopf Endiviensalat** in Streifen schneiden. **750 g Kartoffeln** und **1 Gemüsezwiebel** schälen. Beides würfeln und in **2 EL Öl** andünsten. Mit **800 ml Gemüsebrühe (Instant)** und **200 ml Sahne** aufgießen und zugedeckt ca. 15 Min. garen. Kurz vor Ende der Garzeit die Hälfte der Endivienstreifen in die Suppe geben und alles fein pürieren. Mit **Salz, Pfeffer** und **Muskat** würzen. **50 g Sbrinz (Schweizer Hartkäse)** grob reiben. Die restlichen Endivienblätter und den Käse unter die Suppe ziehen. **Tipp:** Dazu passt geröstetes Bauernbrot.

# ASIATISCHE KOHLSUPPE

VEG

**500 g Spitzkohl** in Streifen schneiden. **2 Zwiebeln** und **2 Knoblauchzehen** schälen und hacken. **1 Stück Ingwer (ca. 3 cm)** schälen und in Streifen schneiden. **2 rote Chilischoten** entkernen und in Ringe schneiden. **850 g Bambusschösslinge (Dose)** abtropfen lassen und in Scheiben schneiden. **2 EL Rapsöl** in einem Topf erhitzen. Zwiebeln, Knoblauch und Ingwer darin ca. 3 Min. andünsten. Kohl und Chili zugeben, ca. 2 Min. mitdünsten. **200 g Shiitakepilze** in Scheiben schneiden und in den Topf geben. **1 1/4 l Gemüsebrühe (Instant)** zufügen, ca. 15 Min. köcheln lassen. Dann den Bambus zur Suppe geben, ca. 5 Min. köcheln lassen. **200 g Glasnudeln** ca. 2 Min. in kochendem Wasser einweichen, abtropfen lassen und zugeben. Die Blättchen von **4 Stängeln Koriander** abzupfen. Die Suppe mit **Salz** und **Pfeffer** abschmecken und mit Koriander bestreuen.

Asiatische Kohlsuppe,
S. 20

# GRAUBÜNDNER ROLLGERSTENSUPPE

**80 g Rollgerste** einige Std. in Wasser einweichen. **1 Zwiebel** und **1 Möhre** schälen und klein schneiden. **1/2 Stange Porree** und **1 Stückchen Sellerie** klein schneiden. Die Zwiebel und **50 g Speckwürfel** in **40 g Butter** glasig dünsten. Das übrige Gemüse zufügen. Mit **1 1/2 l Gemüsebrühe (Instant)** aufgießen. Die Rollgerste abtropfen lassen und in ca. 30 Min. in der Suppe weich kochen. Die Blättchen von **1 Bund Petersilie** abzupfen, klein schneiden und zusammen mit **100 ml Sahne** unter die Suppe rühren. Mit **Salz, Pfeffer** und **Muskat** abschmecken.

# SAUERKRAUTEINTOPF MIT METTENDEN

150 g Schalotten schälen und in dünne Spalten schneiden. 100 g durchwachsenen Speck würfeln. 1 EL Wacholderbeeren im Mörser oder mit dem Messerrücken zerdrücken. Zwiebeln, Speckwürfel und Wacholder in 40 g Schweineschmalz andünsten. 700 g Champagnersauerkraut (Dose) zerzupfen und in der Schmalzmischung andünsten. 1 1/2 l Gemüsebrühe (Instant) zugießen und alles zugedeckt bei milder Hitze ca. 1 Std. kochen lassen. 400 g Kartoffeln schälen und würfeln. 4 Mettenden in Scheiben schneiden. 1 Apfel schälen, vom Kerngehäuse befreien und in Spalten schneiden. Kartoffeln zufügen und noch 15 Min. garen, Mettenden und Äpfel 5 Min. im Eintopf ziehen lassen. Die Blättchen von 1 Bund Majoran von den Stielen zupfen. Den Eintopf mit dem Majoran, Salz und Pfeffer würzen.

# MARONENSUPPE

**1 Zwiebel** schälen. Zwiebel, **200 g Staudensellerie** und **100 g Lauch** fein würfeln. **400 g Maronen (gegart und vakuumverpackt)** in Stücke schneiden. **2 EL Butter** in einem Topf erhitzen. Gemüse darin glasig dünsten. Maronen zugeben und kurz mitdünsten. Mit **75 ml weißem Portwein** ablöschen, kurz einkochen lassen und mit **1 l Hühnerbrühe (Instant)** auffüllen. Mit **Salz** und **Pfeffer** würzen und ca. 15 Min. bei mittlerer Hitze kochen. Inzwischen die Blättchen von **6 Stängeln Petersilie** abzupfen und fein hacken. Mit 2 TL fein abgeriebener Schale von **1 Bio-Zitrone** mischen. Die Suppe fein pürieren und **100 ml Sahne** unterrühren. Die Suppe mit Salz und Pfeffer abschmecken und mit der Petersilien-Zitronenmischung bestreut servieren.

# HAUSGEMACHTE HÜHNERSUPPE

**2 Zwiebeln** ungeschält halbieren und die Schnittflächen in einer Pfanne ohne Fett rösten. **2 Bund Suppengrün** vorbereiten: Gemüse würfeln und Petersilie hacken. **1 küchenfertiges Bio-Suppenhuhn** in einem großen Topf mit ca. **4 l Wasser** bedecken und aufkochen. Zwiebeln, die Hälfte des Suppengemüses, **2 Lorbeerblätter, 1 geh. TL Salz** und **10 schwarze Pfefferkörner** dazugeben. Aufkochen und bei geringer Hitze 1 1/2–2 Std. köcheln, immer wieder abschäumen. Huhn herausnehmen, Fleisch von Haut und Knochen lösen und klein schneiden. Brühe durch ein feines Sieb gießen, 3 l zurück in den Topf geben. Übriges Suppengemüse zufügen und ca. 10 Min. kochen. **200 g Vollkorn-Hörnchennudeln** in Salzwasser bissfest kochen, abgießen. Mit dem Hühnchen in der Suppe erwärmen, mit **Salz** und **Pfeffer** abschmecken und mit Petersilie garnieren.

# KARTOFFEL-GEMÜSE-SUPPE

**250 g Kartoffeln** schälen und würfeln. Von **500 g gemischtem Wintergemüse (z. B. Porree, Möhren, Sellerie)** 100 g in feine Streifen schneiden und beiseitelegen, den Rest in Stücke schneiden. **2 EL Öl** in einem großen Topf erhitzen, Kartoffeln und Gemüse darin andünsten. **1 l Gemüsebrühe (Instant)** aufgießen, aufkochen und alles zugedeckt ca. 15 Min. garen. **1 Bund Schnittlauch** in Röllchen schneiden. **1 Scheibe durchwachsenen Bauchspeck (ca. 40 g)** in Streifen schneiden. Den Speck in einer Pfanne ohne Fett knusprig ausbraten und abtropfen lassen. Gemüse in dem Speckfett andünsten. Die Suppe fein pürieren und mit **Salz, Pfeffer** und **Muskat** abschmecken. **2 EL Crème fraîche** unterziehen. Auf Teller verteilen, die Gemüsestifte und Speckwürfel daraufgeben und mit Schnittlauchröllchen und **4 kleinen Basilikumzweigen** bestreut servieren.

Kartoffel-Gemüse-Suppe,
S. 26

VEG

# QUITTENSUPPE

**300 g Quitten** mit einem trockenen Tuch abreiben, schälen, vierteln, vom Kerngehäuse befreien und in Stücke schneiden. **2 Schalotten** schälen und fein hacken, **150 g Pastinaken** in Scheiben schneiden. **1 Stück Ingwer (1 cm)** schälen und fein hacken. Quitten, Schalotten, Ingwer und Pastinaken in **1 EL Öl** andünsten. Mit **750 ml Gemüsebrühe (Instant)** ablöschen. Zugedeckt ca. 45 Min. garen, bis die Quitten weich sind. Die Suppe mit einem Pürierstab pürieren, **100 g Crème fraîche** unterziehen und mit **Salz** und **Pfeffer** abschmecken. Mit **einigen Petersilienblättchen** bestreut servieren.

# BOUILLABAISSE MIT MANGOLD

**2 Schalotten** und **1 Knoblauchzehe** schälen. **Je 100 g Porree, Karotten und Fenchel** in Scheiben schneiden. **600 g Fischfilet** (mit Haut, ohne Gräten) in mundgerechte Stücke schneiden. **300 g Mangold** in feine Streifen schneiden. **2 EL Olivenöl** in einem breiten Topf erhitzen und das Gemüse darin einige Min. andünsten. Mit **100 ml Weißwein** und **500 ml Fischfond (Glas)** ablöschen. **Einige Safranfäden** und **1 Msp. Cayennepfeffer** dazugeben. Die Fischstücke in die Suppe geben und ca. 8 Min. bei geringer Hitze gar ziehen lassen. 3 Min. vor Ende der Garzeit die Mangoldstreifen dazugeben. **Tipp:** Mit Aioli (Glas) und knusprigem Baguette servieren.

# RINDSSUPPE MIT GRIESS

**1 Bund Suppengrün** putzen und in kleine Würfel schneiden. **30 g Butter** in einem Topf erhitzen und **80 g Hartweizengrieß** darin unter Rühren anrösten. Das Suppengrün hinzufügen und rundherum andünsten. Mit **1 l Rinderbrühe (Instant)** auffüllen und zugedeckt ca. 10 Min. köcheln. Die Blättchen von **1 Bund Petersilie** abzupfen und hacken. **100 g saure Sahne** mit **1 TL Mehl** gut verrühren und unter die Suppe ziehen. Die Suppe mit **Salz, Pfeffer** und **Muskat** abschmecken. Mit Petersilie bestreut servieren. **Tipp:** Klare Suppen schmecken mit selbst gemachter Rinderbrühe mindestens doppelt so gut (siehe dazu auch den Tipp auf S. 8).

# BROTSUPPE MIT SELLERIE

VEG

1 Zwiebel schälen und würfeln. 3 Stangen Staudensellerie in dünne Scheiben schneiden, das Grün hacken und beiseitelegen. 5 Scheiben trockenes Brot (z. B. Weizenmischbrot oder Roggenbrot) würfeln. 30 g Butter in einem Topf zerlassen und die Brotwürfel bei mittlerer Hitze goldbraun rösten. Die Zwiebel und den Sellerie zugeben und andünsten. Mit 1 l Gemüsebrühe (Instant) aufgießen, aufkochen und zugedeckt bei schwacher Hitze ca. 5 Min. kochen. 100 ml Sahne (oder Milch) unterziehen und mit Salz, Pfeffer und etwas Muskat abschmecken. Mit dem gehackten Selleriegrün und 1 EL gehackter Petersilie bestreut servieren.

# SCHMORGURKEN-KICHERERBSEN-EINTOPF

VEG

**750 g Schmorgurken** schälen, längs vierteln, entkernen und in Stücke schneiden. **1 Zwiebel** fein hacken. **2 Kartoffeln** schälen und fein würfeln. **2 EL Öl** in einem Topf erhitzen und das Gemüse darin andünsten. Mit **750 ml Gemüsebrühe (Instant)** aufgießen. **1 TL getr. Bohnenkraut** und **1 TL getr. Thymian** zufügen und zugedeckt ca. 8 Min. köcheln lassen. Inzwischen **1 Dose Kichererbsen (800 g)** abtropfen lassen und **150 g Schafskäse** würfeln. Die Kichererbsen einige Min. vor Ende der Garzeit zur Suppe geben und erhitzen. Den Eintopf mit **Salz, Pfeffer** und **edelsüßem Paprikapulver** abschmecken. Mit dem Schafskäse bestreut servieren.

VEG

# POLNISCHE BUCHWEIZENSUPPE

1 Fenchelknolle quer zur Faser in dünne Streifen schneiden. 1 EL Öl in einem Topf erhitzen. 120 g geschroteten Buchweizen darin anrösten, bis er einen zarten Duft verströmt. Mit 1 l Gemüsebrühe (Instant) aufgießen, aufkochen und zugedeckt ca. 10 Min. köcheln, dabei ab und zu umrühren. Inzwischen 1 Zwiebel schälen, in feine Ringe schneiden und in 1/2 EL Öl glasig dünsten. Die Blättchen von 1/2 Bund Petersilie abzupfen und fein hacken. 2 Min. vor Ende der Garzeit Fenchel und Zwiebelringe in die Suppe geben und mitgaren. Die Suppe mit Salz und Pfeffer abschmecken und mit Petersilie bestreut servieren.

VEG

# TOMATENSUPPE MIT PESTO

**2 Zwiebeln** schälen, zusammen mit **1 kleinen Möhre** fein würfeln. **1 Knoblauchzehe** schälen und fein hacken, **je 1 kleines Stück Knollensellerie und Porree** fein würfeln. **2 EL Olivenöl** in einem Topf erhitzen und Zwiebeln und Möhre darin andünsten. **400 g geschälte Tomaten (Dose)** und **100 g doppelt konzentriertes Tomatenmark** dazugeben und einige Min. mitdünsten. **1 EL Mehl** darüberstäuben und anschwitzen. Mit **800 ml Gemüsebrühe (Instant)** ablöschen, glatt rühren und aufkochen. Knoblauch, Sellerie und Porree mit **1 Thymianstängel** und **1 Lorbeerblatt** dazugeben und alles bei geringer Hitze ca. 30 Min. köcheln lassen. Thymian und Lorbeer entfernen. Die Suppe mit **Salz, Pfeffer** und **Zucker** abschmecken und fein pürieren. Auf vier Teller verteilen, **4 TL Pesto (Glas)** unterziehen und mit **Basilikumblättchen** garniert servieren.

Tomatensuppe mit
Pesto, S. 34

# KARTOFFELGULASCH SZEGEDINER ART

**1 kg mehligkochende Kartoffeln** schälen und in ca. 2 cm große Würfel schneiden. **1 große Möhre** klein würfeln. **1 Gemüsezwiebel** schälen und hacken. **500 g Sauerkraut (Dose oder Pck.)** abtropfen lassen. **2 EL Öl** in einem großen Topf erhitzen. Kartoffeln, Möhre, Zwiebel, Sauerkraut und **2 EL Tomatenmark** zugeben und einige Min. andünsten. **1/2 l Fleischbrühe (Instant)** angießen, **je 1 TL rosenscharfes und edelsüßes Paprikapulver** dazugeben und zugedeckt ca. 15 Min. garen. Gut durchrühren und mit **Salz, Pfeffer** und Paprikapulver abschmecken. Das Kartoffelgulasch auf Teller verteilen und mit **je 1 EL Schmand** servieren. **Tipp:** Wenn Sie Wurst zum Kartoffelgulasch kombinieren möchten, passen würzige ungarische Paprikawürste oder Debrecziner dazu, die ca. 10 Min. im Gulasch erwärmt werden.

# SELLERIECREMESUPPE MIT RÄUCHERLACHS UND CROÛTONS

1 mittelgroßen Knollensellerie schälen und in Stücke schneiden, sofort mit 1 EL Zitronensaft beträufeln. 1 EL Butter in einem Topf erhitzen, den Sellerie darin andünsten. Mit 750 ml Gemüsebrühe (Instant) aufgießen und in ca. 10 Min. weich dünsten. Inzwischen 4 Scheiben Kastenweißbrot entrinden und würfeln, 1 EL Olivenöl in einer Pfanne erhitzen und die Brotwürfel darin knusprig braten. Auf Küchenpapier abtropfen lassen. 100 g Räucherlachsscheiben in Streifen schneiden. Die Suppe mit dem Pürierstab fein pürieren und 100 ml Sahne zugeben. Nochmals erhitzen und mit etwas Zitronensaft, Salz und Pfeffer abschmecken. Die Lachsstreifen unter die Suppe rühren und mit den Croûtons bestreut servieren.

# GULASCHSUPPE

**200 g Zwiebeln** schälen und würfeln. **1 Knoblauchzehe** schälen und fein hacken. **30 g Butterschmalz** in einem Topf erhitzen und **400 g Rindergulasch** darin von allen Seiten goldbraun anbraten. Die Zwiebeln dazugeben und andünsten. **1 EL Tomatenmark** einrühren, **1 EL edelsüßes Paprikapulver** darüberstäuben. **1,2 l Rinderbrühe (Instant)** angießen und alles kräftig umrühren. **1 TL gem. Kümmel, 1 TL getr. Majoran** und den Knoblauch zufügen. Die Suppe zugedeckt ca. 1 Std. köcheln lassen. Inzwischen **250 g Kartoffeln** schälen und klein würfeln. **1 rote und 1 gelbe Paprikaschote** entkernen und in Streifen schneiden. Die Kartoffeln und die Paprika zur Suppe geben und alles für weitere 10 Min. köcheln. Die Suppe mit **Salz, Pfeffer** und Paprikapulver abschmecken.

# ECHTE SEELENWÄRMER

## DEFTIGES & KLASSISCHES

# HÄHNCHEN-ZWIEBEL-TOPF

**500 g möglichst kleine Schalotten** schälen. **4 Scheiben Dörrfleisch** in Streifen schneiden. **2 EL Öl** in einer großen Pfanne erhitzen. **4 Hähnchenkeulen** mit **Salz** und **Pfeffer** einreiben und darin von beiden Seiten anbraten. Die Schalotten und das Dörrfleisch dazugeben und anbraten. Mit Salz, Pfeffer und **1 TL getr. Thymian** würzen. Zusammen mit den Hähnchenkeulen in eine Auflaufform geben. Den Backofen auf 200 °C vorheizen. **1 EL Mehl** im Fett in der Pfanne anschwitzen. Mit **100 ml trockenem Weißwein, 150 ml Geflügelfond oder -brühe (Glas oder Instant)** und **150 ml Sahne** ablöschen und unter Rühren ca. 4 Min. einkochen lassen. Die Sauce über die Hähnchenkeulen gießen und das Ganze im Backofen ca. 40 Min. garen. Mit **1 EL Schnittlauchröllchen** bestreut servieren. **Tipp:** Dazu passt Baguette oder Kartoffelbrei.

VEG

# MÖHREN-PILZ-QUICHE

250 g Mehl, 1 Prise Salz, 1 Ei, 120 g kalte Butter und 2 EL kaltes Wasser zu einem Mürbeteig verkneten und zugedeckt ca. 1 Std. kalt stellen. 600 g Möhren in schräge Scheiben schneiden und in kochendem Salzwasser ca. 6 Min. vorgaren, abtropfen lassen. 400 g Austernpilze in Stücke schneiden, 2 Zwiebeln schälen und würfeln. 1 EL Öl erhitzen, die Pilze darin anbraten, dann die Zwiebeln zufügen und andünsten. Die Möhren zufügen und mit Salz, Pfeffer und 1/2 TL getr. Thymian würzen. Die Arbeitsfläche mit etwas Mehl bestäuben, eine Springform mit etwas Butter fetten. Den Backofen auf 175 °C vorheizen. Den Teig rund ausrollen, in die Springform legen, Gemüsemischung hineingeben. 100 g Magerquark, 100 ml Milch und 3 Eier verquirlen, mit Salz, Pfeffer und Muskat würzen und über das Gemüse gießen. Ca. 45 Min. backen.

# WILDENTEN MIT APFELSAUCE

2 küchenfertige Wildenten innen und außen mit Salz und Pfeffer würzen. 2 Zwiebeln schälen und in Streifen scheiden. 1 Apfel schälen und würfeln. Den Backofen auf 210 °C vorheizen. Zwiebeln, Apfel und 4 Majoranzweige in den Bauchhöhlen der Enten verteilen. Die Enten in einem Bräter in 3 EL Öl anbraten und im Bräter mit der Brustseite nach oben auf der 2. Schiene von unten ca. 45 Min. garen, nach 30 Min. die Temperatur auf 180 °C reduzieren. Während der Bratzeit alle 10 Min. mit Bratensaft beträufeln. 150 g durchwachsenen Speck in Streifen schneiden und nach 15 Min. im Bräter verteilen. 2 Äpfel schälen und in Spalten schneiden. Nach 30 Min. Fett aus dem Bräter abgießen, Apfelspalten und 400 ml Cidre hineingeben. Die Enten mit Äpfeln, Speck und Sauce anrichten. **Tipp:** Dazu passen Wirsinggemüse und Röstkartoffeln.

VEG

# OFENGEMÜSE MIT KRÄUTERQUARK

800 g Kartoffeln, 400 g Möhren, 400 g Pastinaken und 2 Rote Beten (ca. 400 g) schälen. Jeweils in Spalten oder in mundgerechte Stücke schneiden. Den Backofen auf 200 °C vorheizen. Das Gemüse in eine Schüssel geben, mit 2 EL Öl mischen und mit Salz und Pfeffer würzen. Ein Backblech mit Backpapier auslegen. Das Gemüse darauf verteilen und ca. 25 Min. backen. Inzwischen in einer Schüssel 500 g Magerquark und 200 g Joghurt verrühren. 3 EL Mineralwasser mit Kohlensäure unterschlagen. Die Blättchen von 1/2 Bund Petersilie abzupfen, hacken und unterrühren. Den Kräuterquark mit Salz, Pfeffer, 1 Prise Rohrzucker und 1 TL Zitronensaft abschmecken. Das Gemüse auf eine Platte geben und mit dem Quark servieren.

# LACHSFORELLE MIT KRÄUTERKRUSTE

800 g Lachsforellenfilets ohne Haut rundum mit 2 EL Zitronensaft, Salz und Pfeffer würzen. Die Blättchen von 1 Bund glatter Petersilie und 3 Stängeln Thymian von den Stielen zupfen, Petersilie fein hacken. 40 g gehackte Mandeln in einer Pfanne ohne Fett goldbraun rösten. Mit den Kräutern, 60 g weicher Butter und 3 EL Semmelbröseln zu einer glatten Paste verarbeiten. Mit Salz, Pfeffer und 1 EL abgeriebener Schale von 1 Bio-Zitrone würzen. Fischfilets auf ein mit Backpapier belegtes Backblech legen und gleichmäßig mit der Paste bestreichen. Die Filets auf der 2. Schiene von unten im auf 180 °C vorgeheizten Backofen ca. 20 Min. garen. **Tipps:** Die Bio-Zitrone in Achtel schneiden und zum Lachs servieren. Dazu passen Reis und Brokkoligemüse.

VEG

# ROTKOHL-SCHUPFNUDEL-AUFLAUF

Die Blätter von **1/2 Rotkohl (750 g)** einzeln ablösen und in Salzwasser ca. 2 Min. blanchieren. Blätter mit einer Schaumkelle herausheben und kurz in sehr kaltem Wasser abschrecken. Abtropfen lassen und in mundgerechte Stücke schneiden. **1 säuerlichen Apfel** schälen, vom Kerngehäuse befreien und in Scheiben schneiden. Eine große, rechteckige Auflaufform mit **etwas Öl** fetten und den Backofen auf 200 °C vorheizen. Apfelscheiben, Rotkohlblätter und **750 g Schupfnudeln (Kühlregal)** in die Form schichten. Die Blättchen von **4 Stängeln Thymian** abzupfen und fein hacken. Thymian in einer Schüssel mit **100 ml Sahne, 100 ml Milch** und **100 ml Gemüsebrühe (Instant)** verrühren. Mit **Salz** und **Pfeffer** würzen. Die Mischung über das Gemüse gießen. **100 g Vacherin Mont d'Or** würfeln und darüber verteilen. Den Auflauf ca. 40 Min. backen.

# SAUERKRAUTQUICHE

Aus **80 g Magerquark, 3 EL Wasser, 3 EL Öl, 160 g Mehl, 2 gestr. TL Backpulver** und **1 Prise Salz** einen Quark-Öl-Teig kneten und zugedeckt bei Zimmertemperatur ca. 20 Min. ruhen lassen. **50 g Dörrfleisch** würfeln. **1 Zwiebel** schälen und ebenfalls würfeln. **1 TL Öl** in einer Pfanne erhitzen. Dörrfleisch und Zwiebeln darin anbraten. Mit **1 TL edelsüßem Paprikapulver,** Salz und **Pfeffer** würzen. **150 g Kasseler** würfeln und **500 g Sauerkraut** abtropfen lassen. Den Backofen auf 200 °C vorheizen. Den Teig auf der mit **etwas Mehl** bestäubten Arbeitsfläche ausrollen und eine Springform damit auslegen. Sauerkraut, Kasseler, **1 TL Kümmel,** Zwiebeln und Dörrfleisch auf dem Teig verteilen. **200 g Schmand** mit **100 ml Milch** und **3 Eiern** verquirlen, mit Salz, Pfeffer und **etwas Paprikapulver** abschmecken. Den Guss auf der Quiche verteilen und ca. 30 Min. backen.

# KLASSISCHE RINDERROULADEN

2 Zwiebeln und 1 Möhre schälen und zusammen mit 4 kleinen Gewürzgurken und 4 Scheiben durchwachsenem Speck in feine Würfel schneiden. Die Blättchen von 1/2 Bund glatter Petersilie von den Stängeln zupfen und fein hacken. Alles mit 4 EL mittelscharfem Senf verrühren. 4 Rinderrouladen nebeneinanderlegen, mit Salz und Pfeffer würzen und mit der Füllung bestreichen. Die Seiten einklappen, Rouladen fest zusammenrollen und mit Holzstäbchen zusammenstecken. 3 EL Öl in einer Pfanne erhitzen und die Rouladen rundherum braun anbraten. 400 ml Rinderbrühe (Instant) zugießen und alles zugedeckt bei mittlerer Hitze 1 1/2 Std. schmoren. Rouladen herausnehmen. 150 g Crème fraîche in die Sauce rühren, nochmals aufkochen lassen und mit 1–2 EL dunklem Saucenbinder andicken. **Tipp:** Dazu passen Petersilienkartoffeln.

# KÄSESPÄTZLE

VEG

**400 g Dinkelmehl** mit **2 Eiern** und **100 ml Mineralwasser** mit einem Holzlöffel zu einem glatten Teig verrühren, bis er Blasen wirft. Ca. 10 Min. ruhen lassen. Inzwischen **2 Zwiebeln** schälen und in Ringe schneiden. Salzwasser in einem Topf aufkochen. Den Teig in eine Spätzlepresse geben und hineindrücken oder auf ein Spätzlebrett geben und hineinschaben. Sobald die Spätzle an die Wasseroberfläche kommen, mit einer Schaumkelle herausnehmen und abtropfen lassen. Den Backofen auf 200 °C vorheizen. Die Zwiebeln in **1 EL Butter** braun braten. **250 g Emmentaler** grob reiben. Eine Auflaufform mit **etwas Butter** fetten, darin die Spätzle und 2/3 des Käses mischen, mit **Salz, Pfeffer** und **Muskat** würzen. Restlichen Käse und Zwiebelringe obenauf streuen. Ca. 10 Min. überbacken. Spätzle mit **2 EL Schnittlauch** in Röllchen bestreuen.

Käsespätzle, S. 48

# WILDGULASCH MIT PREISELBEEREN

1 TL Pfefferkörner, 1 TL Senfkörner und 4 Nelken im Mörser zerstoßen, 10 Wacholderbeeren zerdrücken. 100 g Zwiebeln schälen und in Spalten schneiden. 1/2 Sellerieknolle und 1 Karotte schälen und klein würfeln. 1 kg Wildgulasch in 4 EL Öl rundherum kräftig anbraten. Die Gewürze zusammen mit 1 Lorbeerblatt und dem Gemüse hinzugeben. 400 ml Wildfond (Glas) und 325 ml Rotwein zugießen und alles zugedeckt ca. 1 Std. schmoren. Das Fleisch aus der Sauce nehmen und zugedeckt im Backofen bei 70 °C warm halten. Die Sauce offen auf die Hälfte einkochen, durch ein feines Sieb passieren und entfetten. 100 g Preiselbeeren (Glas) unter die Sauce rühren, mit Salz und Pfeffer abschmecken. 1 EL Speisestärke mit kaltem Wasser anrühren und die Sauce damit binden. Das Fleisch darin erwärmen. **Tipp:** Dazu passen Spätzle und Rotkohl (S. 70).

VEG

# KOHLROULADEN MIT PILZFÜLLUNG

1 Weißkohl (800 g) mit 1 EL Kümmel ca. 2 Min. in kochendes Salzwasser geben. Die 8 äußeren Blätter ablösen, Mittelrippen flach schneiden. 400 g Champignons fein hacken. In 1 EL Öl braten, bis alle Flüssigkeit verdampft ist, mit 4 EL gehackter Petersilie mischen, mit Salz und Pfeffer würzen. 200 g Frischkäse, 1 Eigelb, 2 EL Semmelbrösel und 30 g ger. Parmesan verrühren. Mit den Pilzen mischen. Je 2 Kohlblätter überlappend auslegen, die Füllung daraufgeben. Seiten der Kohlblätter einschlagen und die Rouladen zusammenrollen. Feststecken und in 3 EL Öl ca. 2 Min. braten. Mit 400 ml Gemüsebrühe (Instant) auffüllen, zugedeckt ca. 30 Min. schmoren. Rouladen herausnehmen. 100 ml süße Sahne in den Sud geben und aufkochen. 1 EL Speisestärke mit etwas kaltem Wasser anrühren, die Sauce damit binden, salzen und pfeffern.

# SCHWARZWURZELAUFLAUF

1 kg Schwarzwurzeln schälen und in eine Schüssel mit kaltem Wasser und 1 EL Essig legen. Danach ca. 30 Min. in Salzwasser bissfest kochen, abtropfen lassen. 2 Zwiebeln und 2 Knoblauchzehen schälen, würfeln und in 40 g Butter andünsten. 40 g Mehl zugeben und ca. 1 Min. anschwitzen. Mit 100 ml Sahne, 100 ml Milch und 200 ml Gemüsebrühe (Instant) ablöschen und einkochen. 1–2 Schöpfkellen Sauce in eine Schüssel geben und mit 2 Eigelb verquirlen. Die restliche Sauce abkühlen lassen und dann die Eigelbmischung unterziehen. 100 g ger. Emmentaler und 2 EL Schnittlauchröllchen unter die Sauce rühren. Den Backofen auf 220 °C vorheizen. Schwarzwurzeln in eine gefettete Form legen. 150 g dünn geschnittenen gekochten Schinken zu Röllchen formen und dazwischen legen. Den Eierguss darübergießen. Den Auflauf ca. 25 Min. backen.

VEG

# SCHLUTZKRAPFEN

250 g Roggenmehl (Type 997), 250 g Weizenmehl, 1 Prise Salz und 1 Ei mit 200–250 ml lauwarmem Wasser zu einem geschmeidigen Teig verarbeiten, in Frischhaltefolie wickeln und ca. 1 Std. kalt stellen. 500 g frischen Blattspinat in Salzwasser blanchieren, abschrecken, abtropfen lassen und fein hacken. Mit 250 g Magerquark, 1 Prise Majoran und Salz mischen. 2 Knoblauchzehen und 1/2 Zwiebel schälen, fein hacken und untermischen. Den Teig auf der mit Mehl bestäubten Arbeitsfläche dünn ausrollen und Kreise (Ø ca. 8 cm) ausstechen. Je 1 TL Füllung daraufgeben, halbmondförmig zusammenklappen und die Ränder andrücken. Die Krapfen in Salzwasser mit 1 EL Öl ca. 5 Min. sieden, dann abgießen. 1 Bund Schnittlauch in Röllchen schneiden und mit 3 EL ger. Parmesan über die Krapfen streuen. 3 EL Butter zerlassen und darüberträufeln.

# KARTOFFEL-ROSENKOHL-GRATIN

VEG

800 g kleine, festkochende Kartoffeln mit Schale in Salzwasser ca. 10 Min. kochen, abschrecken und pellen. 800 g Rosenkohl ebenfalls in Salzwasser ca. 10 Min. kochen, dann abschrecken. 1 Knoblauchzehe schälen, mit 400 g gehackten Tomaten (Dose), 2 EL Ajvar und 1 EL Rapsöl pürieren. Mit Salz und Pfeffer würzen. Den Backofen auf 220 °C vorheizen. Die Kartoffeln in 2 EL Rapsöl ca. 6 Min. goldbraun braten, salzen und pfeffern. Den Rosenkohl abgießen. Eine Auflaufform mit etwas Öl fetten. Kartoffeln und Rosenkohl in die Form geben, mit der Sauce begießen. 150 g Taleggio würfeln und darauf verteilen. Im Ofen auf der 2. Schiene von unten ca. 15 Min. überbacken. Die Blättchen von 1/2 Bund Petersilie von den Stängeln zupfen, hacken und über das Gratin streuen.

# ENTENBRUST MIT STECKRÜBEN

1 Steckrübe (600 g) schälen und in Stifte schneiden. 2 Zwiebeln schälen und in Streifen schneiden. 30 g Ingwer schälen und würfeln. Die Blättchen von 1/2 Bund glatter Petersilie hacken. Steckrüben in Salzwasser ca. 5 Min. kochen. Zwiebeln und Ingwer in einem Topf in 3 EL Öl andünsten. 2 EL Zucker zugeben und schmelzen. Mit 400 ml Orangensaft ablöschen und ca. 10 Min. einkochen. Steckrüben zugeben und ca. 5 Min. garen. Mit Petersilie bestreuen. Den Backofen auf 180 °C vorheizen. 2 Freiland-Entenbrüste (à ca. 200 g) mit Salz und Pfeffer würzen und mit der Hautseite nach unten in 1 EL heißem Butterschmalz anbraten, dann kurz auf der Fleischseite anbraten, wenden. Entenbrüste in der Pfanne ca. 10–15 Min. im Ofen garen. Herausnehmen und ca. 5 Min. ruhen lassen. In dünne Scheiben schneiden und mit den Steckrüben anrichten.

VEG

# PIZZA MIT BLAUSCHIMMELKÄSE, BIRNEN UND WALNÜSSEN

Aus 400 g Dinkelmehl, 1 Pck. Trockenhefe, 1/2 TL Salz, 3 EL Olivenöl und ca. 200 ml lauwarmem Wasser einen Hefeteig kneten und zugedeckt ca. 45 Min. gehen lassen. 4 Birnen schälen, entkernen, vierteln und in dünne Scheiben schneiden. Sofort mit 1 EL Zitronensaft beträufeln. Die Birnen in siedendem Wasser ca. 2 Min. dünsten (sie sollen bissfest bleiben). Die Blättchen von 2 Stängeln Thymian abzupfen und mit 100 g Schmand, 1 EL Milch, etwas Salz und Pfeffer verrühren. 200 g Edelpilzkäse nach Wahl würfeln. Den Backofen auf 200 °C vorheizen. Den Teig auf Backblechgröße oder zu zwei runden Pizzen ausrollen und auf ein mit Backpapier ausgelegtes Blech legen. Kräuterschmand auf die Pizza streichen und Birnenscheiben und Käsewürfel gleichmäßig darauf verteilen. 100 g Walnusshälften daraufgeben. Die Pizza ca. 30 Min. backen.

Pizza mit Blauschimmelkäse, Birnen und Walnüssen, S. 56

# GEBRATENER KÜRBIS

1 Hokkaido-Kürbis (ca. 1,2 kg) halbieren, die Kerne und das weiche Innere auskratzen. Die Kürbishälften in Spalten und diese in ca. 5 mm dicke Scheiben schneiden. 120 g durchwachsenen Speck fein würfeln. Die Blättchen von 1/2 Bund gemischten Kräutern abzupfen und hacken. 5 EL Olivenöl in einer großen Pfanne erhitzen. Den Speck darin knusprig braten und herausnehmen. Kürbisscheiben ins Speckfett geben und ohne Wenden ca. 6 Min. scharf anbraten. Dann wenden und nochmals ca. 6 Min. braten. Den Speck zugeben und erneut ca. 2 Min. braten, dabei öfter schwenken. Mit Salz und Pfeffer würzen und den Kürbis mit Kräutern bestreut servieren. **Tipps:** Wenn Ihre Pfanne nicht groß genug ist, können Sie die Kürbisscheiben auch portionsweise braten und im Backofen bei 70 °C warm halten. Dazu passt selbst gemachtes Kartoffelpüree.

# WIRSING IN STEINPILZSAUCE

**30 g getr. Steinpilze** in **150 ml heißem Wasser** einweichen. **800 g Wirsing** vierteln, in feine Streifen schneiden und in kochendem Salzwasser ca. 4 Min. garen. **100 g durchwachsenen Speck (in dünnen Scheiben)** in feine Streifen schneiden. **1 Zwiebel** schälen und fein würfeln. Beides in **2 EL Öl** goldbraun braten, dann mit einer Schaumkelle aus der Pfanne nehmen. Den Wirsing abgießen und abschrecken. Wirsingstreifen im Bratfett kurz andünsten. Mit den Pilzen, dem Einweichwasser, **250 g Crème fraîche** und **100 ml Gemüsebrühe (Instant)** verrühren. Bei starker Hitze ca. 6 Min. cremig einkochen lassen. Kräftig mit **Salz** und **Pfeffer** würzen. Blättchen von **1/2 Bund Thymian** abstreifen. Wirsinggemüse mit Thymian mischen und mit der Speck-Zwiebel-Mischung bestreut servieren. **Tipp:** Dazu passt Kartoffelbrei.

# MIESMUSCHELN IN TOMATEN-SUGO

3 Knoblauchzehen in Scheiben schneiden, 100 g Zwiebeln fein würfeln. 1 rote Chilischote entkernen und in Ringe schneiden. Die Blättchen von 1 Zweig Rosmarin und 1/2 Bund Thymian abzupfen und fein hacken. 800 g Tomaten (Dose) in grobe Stücke schneiden, 200 g frische Tomaten würfeln. Den Saft auffangen. 2 EL Öl in einem großen Topf erhitzen, Knoblauch, Zwiebeln, Chili und Kräuter ca. 1 Min. andünsten. 2 EL Tomatenmark und 1 TL Zucker zugeben und mit 150 ml Rotwein ablöschen. Tomaten mit Saft hinzufügen, mit Salz und Pfeffer würzen und einmal aufkochen lassen. 2 kg Miesmuscheln (küchenfertig) zugeben und geschlossen ca. 10 Min. garen, bis alle Muscheln geöffnet sind. Geschlossene Muscheln entfernen. Die Muscheln in eine vorgewärmte Schüssel geben und sofort servieren. **Tipp:** Dazu passt Baguette.

VEG

# SCHWÄBISCHER ZWIEBELKUCHEN

Aus 500 g Mehl (Type 550), 1 Pck. Trockenhefe, 1/2 EL Salz, 1 Prise Zucker, 50 g weicher Butter und 125–250 ml lauwarmem Wasser einen geschmeidigen Hefeteig kneten. Zugedeckt ca. 30 Min. gehen lassen, bis sich das Volumen verdoppelt hat. Inzwischen 1 kg Zwiebeln schälen und in Streifen schneiden. In 80 g Butter bei mittlerer Hitze sehr weich dünsten. Abkühlen lassen, 4 Eier, 100 ml Sahne, 100 ml Milch, 3 EL Mehl und 1 Prise Salz unterrühren. Den Backofen auf 175 °C vorheizen. Den Hefeteig nochmals durchkneten und auf der mit etwas Mehl bestäubten Arbeitsfläche auf Backblechgröße ausrollen. Auf ein mit Backpapier belegtes Backblech geben, Zwiebeln und Guss darauf verteilen. Den Zwiebelkuchen ca. 50 Min. backen. **Tipp:** Der Belag kann mit 1 EL Kümmel oder 100 g ausgebratenen Speckwürfeln variiert werden.

# KÜRBISRISOTTO

750 g Kürbisfleisch (Muskat- oder Hokkaido-Kürbis) grob raspeln. 2 Schalotten schälen und fein würfeln. 1 l Geflügelbrühe (Instant) in einem Topf zum Sieden bringen, weiterköcheln lassen. 2 EL Butter und 2 EL Olivenöl in einem zweiten Topf erhitzen. Zwiebelwürfel darin glasig andünsten, dann 300 g Risotto-Reis zufügen und ebenfalls glasig anschwitzen. Die Kürbisraspel zufügen. Mit 100 ml Weißwein ablöschen und einkochen lassen. Offen bei mittlerer Hitze unter häufigem Rühren 20–25 Min. garen. Dabei immer wieder etwas heiße Brühe zugießen, sobald sie vom Reis fast aufgesogen ist. Risotto vom Herd nehmen, 4 EL Butter, 4 TL ger. Parmesan und 2 EL süße Sahne unterrühren. Mit 1 EL gehacktem Thymian bestreut servieren.

Kürbisrisotto, S. 62

# CHINAKOHL-AUFLAUF

2 Köpfe Chinakohl (ca. 1,7 kg) quer in Streifen schneiden, in kochendem Salzwasser ca. 3 Min. blanchieren, mit einem Schaumlöffel herausnehmen und abtropfen lassen. 300 g Kartoffeln schälen, in dünne Scheiben schneiden und im Kohlwasser ca. 3 Min. vorgaren, abgießen und abtropfen lassen. 40 g Butter zerlassen, 40 g Mehl darin anschwitzen, nach und nach unter Rühren 250 ml Milch und 125 ml Gemüsebrühe (Instant) dazugießen, aufkochen und ca. 10 Min. leise köcheln. 150 g Gouda grob reiben und 100 g davon unter die Sauce rühren. Den Backofen auf 200 °C vorheizen. Eine große Auflaufform mit etwas Butter oder Margarine fetten. 250 g Kasseleraufschnitt in Streifen schneiden, mit Kohl und Kartoffeln mischen und in die Form füllen. Die Sauce darübergeben, restlichen Gouda daraufstreuen und im Backofen ca. 30 Min. garen.

# SCHWEINERÖLLCHEN MIT APFELFÜLLUNG

50 g Haselnusskerne im Mixer fein mahlen. Die Blättchen von 2 Stängeln Majoran abzupfen und hacken. 2 Äpfel vom Kerngehäuse befreien und mit Schale grob raspeln. Mit 1 EL Zitronensaft, den Nüssen und Majoran mischen. 4 Schweinsrouladen (à 160 g) nebeneinanderlegen, mit Salz und Pfeffer würzen und die Füllung daraufstreichen. Die Seiten einschlagen, Rouladen fest zusammenrollen und mit Holzspießen zusammenstecken. In 2 EL Öl rundherum braun anbraten. Mit 300 ml Apfelsaft ablöschen und zugedeckt bei mittlerer Hitze ca. 45 Min. schmoren. Fleisch herausnehmen und warm stellen. Die Sauce offen einkochen lassen, 1 EL Speisestärke in etwas kaltem Wasser anrühren und die Sauce damit binden, mit Salz, Pfeffer und 1 Prise Zucker abschmecken. **Tipp:** Dazu passt Kartoffelpüree.

# SELLERIE-CORDON-BLEU

1 Knollensellerie (ca. 600 g) schälen und in 8 ca. 1 cm dicke Scheiben schneiden. In kochendem Salzwasser ca. 3 Min. blanchieren, abschrecken und abtropfen lassen. Mit Salz und Pfeffer würzen. Auf 4 Selleriescheiben 4 Scheiben gekochten Schinken und 4 Scheiben Käse (z. B. jungen Gouda oder Rollenbutterkäse) legen. Die übrigen Selleriescheiben darauflegen und mit Holzspießen feststecken. Ca. 40 g Vollkornmehl, 100 g Semmelbrösel und 2 Eier jeweils in flache Teller geben. Die Eier verquirlen. Den gefüllten Sellerie zuerst im Mehl, dann im Ei und dann in den Semmelbröseln wenden. 4 EL Butterschmalz in einer Pfanne erhitzen und die Sellerie-Cordon-bleus darin von beiden Seiten je 2–3 Min. goldbraun braten. Auf Küchenpapier abtropfen lassen. **Tipp:** Dazu passen Salzkartoffeln.

# RAMEQUIN

VEG

Den Backofen auf 220 °C vorheizen. 400 g Weißbrot (in Scheiben) hellbraun toasten. 125 ml Sahne mit 125 ml Milch, 3 Eiern und 100 ml Weißwein verrühren. Mit Salz und Pfeffer würzen. 1 Knoblauchzehe schälen, in feine Scheiben schneiden und zur Eiersahne geben. Eine eckige Auflaufform mit etwas Butter ausstreichen. Die Brotscheiben und 300 g Vacherin Mont d'Or oder Raclettekäse (in Scheiben) dachziegelartig in die Form schichten. Mit der Eiersahne begießen. Im Ofen auf der 2. Schiene von unten 15–20 Min. goldbraun backen. **Tipps:** Dazu schmeckt ein frischer Blattsalat. Als Variation dieses klassischen Rezepts können Sie noch 200 g in dünne Scheiben geschnittene Champignons beifügen.

# GRÜNKOHL MIT KOCHWURST UND KASSELER

1 kg Grünkohl von den dicken Blattrippen zupfen und in 1 l Salzwasser ca. 2 Min. blanchieren, abschrecken und abtropfen lassen. 400 g Zwiebeln schälen und fein würfeln. 50 g Butterschmalz erhitzen, Zwiebeln und 40 g Haferflocken darin ca. 2 Min. andünsten. Grünkohl zugeben, mit Salz, Pfeffer und 1 EL Zucker würzen und andünsten. 500 ml Fleischbrühe (Instant) angießen. 1,2 kg Kasselerkotelett auf den Kohl legen und zugedeckt geschlossen ca. 1 Std. garen. 30 Min. vor Garzeitende 4 Kochwürste (z. B. Pinkel oder Bregenwurst) dazugeben. Würste und Kasseler herausnehmen, Kasseler in Scheiben schneiden. Grünkohl mit Salz, Pfeffer, Zucker und Senf abschmecken. Mit Fleisch und Würsten anrichten. **Tipp:** Zu dem norddeutschen Traditionsgericht gehören karamellisierte Kartoffeln und Bier.

# FETTUCCINE MIT PETERSILIEN-NUSS-SAUCE

VEG

500 g Fettuccine in reichlich kochendem Salzwasser nach Packungsanweisung bissfest garen. Inzwischen 150 g Walnusskerne fein hacken. 2 Knoblauchzehen schälen und in dünne Scheiben schneiden. Die Blättchen von 1 Bund Petersilie abzupfen und fein hacken. 2 EL Butter in einer großen beschichteten Pfanne erhitzen. Die Walnüsse und den Knoblauch darin unter Rühren leicht anrösten. 200 g Doppelrahm-Frischkäse und 150 ml Milch unterrühren und köcheln lassen. Mit Salz, Pfeffer und 1–2 TL Zitronensaft abschmecken. Die Petersilie unter die Sauce rühren. Die Fettuccine in ein Sieb abgießen und gut abtropfen lassen. Die Nudeln mit der Sauce mischen oder separat dazu reichen.

# KLASSISCHER APFELROTKOHL

1 1/2 kg Rotkohl in Streifen schneiden. 2 große Äpfel schälen und in Stücke schneiden. 1 große Gemüsezwiebel schälen und in Streifen schneiden. 50 g Schmalz in einem Topf zerlassen. 1 EL Zucker darin bei mittlerer Hitze karamellisieren lassen, mit 2 EL Portwein loskochen. Die Zwiebel darin andünsten. 250 ml Rotwein angießen. Rotkohl, Äpfel und 100 ml Apfelsaft unterrühren. 4–5 Nelken, 1 Sternanis, 10 Wacholderbeeren, 1 EL weiße Pfefferkörner, 5 Pimentkörner, 1 kleine Zimtstange und etwas Muskatblüte in ein Gewürzsäckchen geben und verschließen. Gewürzmischung, 8 EL Rotweinessig, 2 Lorbeerblätter und etwas Salz zugeben und zugedeckt ca. 45 Min. dünsten. Säckchen entfernen, 2–3 EL Johannisbeergelee einrühren und mit Salz und Pfeffer abschmecken. **Tipp:** Der Rotkohl passt besonders gut zu Wildgerichten (S. 50).

Klassischer Apfelrotkohl, S. 70

# BOHNEN-FRITTATA

VEG

500 g grüne Bohnen ca. 10 Min. in Salzwasser kochen. Abgießen, abschrecken und gut abtropfen lassen. 1 Knoblauchzehe schälen und fein hacken, mit 8 Eiern mischen und mit 1/2 TL getr. Bohnenkraut, Salz und Pfeffer würzen. 80 g von 100 g geraspeltem Bergkäse unter die Eier mischen. Bohnen in Stücke schneiden, unterheben. 2 EL Öl in einer großen, beschichteten Pfanne erhitzen. Die Eimasse hineingeben und bei geringer Hitze ca. 10 Min. mit geschlossenem Deckel stocken lassen. Wenn die Frittata am Rand fest ist, mithilfe eines Tellers wenden, evtl. noch etwas Öl in der Pfanne erhitzen und noch einige Min. stocken lassen. Mit dem restlichen Käse bestreut servieren. **Tipp:** Wer mag, reicht dazu luftgetrockneten Schinken.

# TIROLER SPECKKNÖDEL

350 g helle Brötchen in Würfel schneiden. Mit 200 ml Milch und 4 Eiern in einer großen Schüssel vermengen. Ca. 20 Min. ziehen lassen. 1 Zwiebel schälen und fein hacken. 100 g Tiroler Speck klein würfeln. 100 g Bergsteigerwurst oder Kaminwurzen fein hacken. 20 g Butter zerlassen, Zwiebel, Speck und Wurst darin anbraten. Je 1 EL fein gehackte Petersilie und Schnittlauch untermischen, 80 g Mehl darüberstreuen und zu den eingeweichten Brötchen geben. Zu einer festen, aber nicht zu feuchten Masse kneten, mit Salz und Muskat abschmecken. Mit angefeuchteten Händen daraus 8 Knödel formen. 15–20 Min. in Salzwasser sieden lassen, dann herausnehmen und gut abtropfen lassen. **Tipp:** Dazu passen in Butter gebratene Zwiebelringe und Weißkraut oder ein Pilzragout (S. 81).

# ROSMARINSTEAKS MIT CHINAKOHLSALAT

4 Orangen so schälen, dass die weiße Haut entfernt wird. Die Filets herausschneiden, austretenden Saft auffangen. 300 g Chinakohl in feine Streifen schneiden und in einer Schüssel mit den Orangenfilets mischen. Orangensaft, 2 EL Essig, Salz, Pfeffer und 4 EL Olivenöl verrühren und unter den Salat heben. Die Blättchen von 1/2 Bund Petersilie abzupfen, hacken und unter den Salat mischen. 8 Rindersteaks (à 60 g) mit 1 Zweig Rosmarin in 2 EL Olivenöl bei starker Hitze auf jeder Seite ca. 1 Min. braten. Mit Salz und Pfeffer würzen, in Alufolie wickeln, kurz ruhen lassen. Bratensatz mit 200 ml Gemüsebrühe (Instant) ablöschen, kurz einkochen, salzen und pfeffern. Den Salat mit den Steaks und der Sauce anrichten. **Tipp:** Dazu passt Baguette.

VEG

# LAUCHTORTE

Aus 125 g Weizenvollkornmehl, 1/2 TL Backpulver, 1 Prise Salz, 1 Ei, 4 EL Milch und 40 g Butter einen Mürbeteig kneten. Ca. 1 Std. im Kühlschrank ruhen lassen. Den Backofen auf 200 °C vorheizen. Eine Springform (Ø 26 cm) mit etwas Butter fetten und mit etwas Mehl ausstreuen. Den Teig rund ausrollen, in die Springform geben, einen Rand formen und den Teig mehrmals mit einer Gabel einstechen. Mit Backpapier und Hülsenfrüchten belegen und auf der 2. Schiene von unten ca. 15 Min. blindbacken. Papier und Hülsenfrüchte entfernen. 500 g Lauch längs halbieren und in 2 cm lange Stücke schneiden. In Salzwasser ca. 5 Min. garen, abtropfen lassen. Das Gemüse auf dem Teigboden verteilen. 3 Eier mit 125 ml saurer Sahne, 100 ml süßer Sahne, Salz, Pfeffer und 150 g ger. Greyerzer verrühren und über den Lauch gießen. Die Torte ca. 45 Min. backen.

# FORELLEN MIT ZITRONEN-PORREE

Den Backofen auf 200 °C vorheizen. 80 g Kräuterbutter zerlassen. 4 Forellen (küchenfertig, à 300 g) mit Salz und Pfeffer würzen, auf ein Blech legen und mit der Kräuterbutter beträufeln. Im Ofen auf der 2. Schiene von unten ca. 25 Min. garen. Inzwischen 700 g Porree in Ringe schneiden, in 30 g Butter glasig dünsten und mit 100 ml Gemüsebrühe (Instant), 5 EL Weißwein und 150 ml Sahne ablöschen. Von 1 Bio-Zitrone 1 EL abgeriebene Schale und 2–3 EL Zitronensaft hinzufügen, mit Salz, Pfeffer und 1 EL Zucker würzen und offen bei mittlerer Hitze ca. 6 Min. einkochen lassen. Die Forellen mit dem Gemüse und Limettenscheiben anrichten. **Tipp:** Dazu passen Petersilienkartoffeln.

# ÜBERBACKENER FENCHEL

VEG

Von 3 großen Fenchelknollen das Grün abschneiden, beiseitelegen, die Knollen längs halbieren. 1 Bio-Zitrone in Scheiben schneiden. Fenchel zusammen mit den Zitronenscheiben in kochendes Wasser geben und ca. 10 Min. kochen, abtropfen lassen. 400 g gehackte Tomaten (Dose) in einer Schüssel mit Salz und Pfeffer würzen. 2 Knoblauchzehen schälen, fein hacken und untermischen. Den Backofen auf 180 °C vorheizen. Das Fenchelgrün fein hacken und mit 1 geh. EL gem. Mandeln, 50 g ger. Parmesan und 2 EL Olivenöl zu einer Paste verrühren. Die Tomaten in eine Auflaufform geben, den Fenchel mit den Schnittflächen nach oben daraufsetzen und mit der Paste bestreichen. Im Backofen ca. 25 Min. überbacken. **Tipp:** Dazu passt Vollkornreis oder Bulgur.

# BUNTE HÄHNCHEN-GEMÜSE-PFANNE

**400 g Rosenkohl** in Salzwasser ca. 10 Min. vorgaren und in ein Sieb abgießen. **400 g Hähnchenbrustfilet** in mundgerechte Stücke schneiden. **2 Schalotten** schälen und in Spalten schneiden. **300 g Möhren** schälen und in Stifte schneiden. **1 kleine Zucchini** vierteln und in Stücke schneiden, **je 1/2 rote und gelbe Paprika** in Streifen schneiden. **1 rote Chilischote** entkernen und in Streifen schneiden. **2 EL Öl** in einer Pfanne erhitzen und das Fleisch darin von allen Seiten anbraten, herausnehmen und mit **Salz** und **Pfeffer** würzen. Rosenkohl, Schalotten, Möhren, Zucchini, Paprika und Chilischote unter Rühren in der Pfanne ca. 5 Min. braten. Mit **1/4 TL Cayennepfeffer, 1/2 TL getr. Majoran,** Salz und Pfeffer würzen. Das Hähnchenfleisch und **200 g gehackte Tomaten (Dose)** zugeben und alles noch einige Minuten garen. Erneut abschmecken.

Bunte Hähnchen-
Gemüse-Pfanne, S. 78

# GEKRÄUTERTER SCHWEINERÜCKEN

Den Backofen auf 130 °C vorheizen. 3 Zwiebeln schälen und vierteln. 1,5 kg Schweinekotelett (am Stück, mit Knochen) mit den Zwiebeln, 1 Rosmarinzweig, 3 Stängeln Thymian und 1 Lorbeerblatt in die Fettpfanne setzen. 200 ml Wasser angießen. Das Fleisch im Ofen ca. 2 Std. braten. Dabei alle 10 Min. mit dem Fond beträufeln und insgesamt noch ca. 250 ml heißes Wasser angießen. Die Blättchen von 5 Stängeln Thymian, 1/2 Bund Petersilie und die Nadeln von 1 Rosmarinzweig hacken. 3 Knoblauchzehen schälen und hacken. 1/2 Bio-Zitrone auspressen und die Schale abreiben. Alles mit 5 EL Olivenöl, Salz und Pfeffer verrühren. Die Kräutermischung 30 Min. vor Ende der Garzeit auf das Fleisch streichen. Den Braten ca. 10 Min. ruhen lassen. Den Fond durch ein Sieb passieren, um 1/3 einkochen lassen und 20 g kalte Butterstücke einrühren.

# PILZRAGOUT

500 g gemischte Pilze (z. B. Steinpilze und Pfifferlinge) je nach Größe halbieren oder vierteln. 1 Gemüsezwiebel (200 g) fein würfeln. 70 g Speckwürfel in 3 EL Öl ca. 2 Min. braten. Die Pilze dazugeben und so lange braten, bis alle Flüssigkeit verdampft ist. Die Zwiebelwürfel zugeben und unter Rühren ca. 5 Min. glasig dünsten. 30 g Mehl darüberstäuben, kurz anschwitzen und mit 200 ml Gemüsebrühe (Instant), 200 ml Weißwein und 200 ml süßer Sahne ablöschen. Die Blättchen von je 2 Stängeln Petersilie, Kerbel und Thymian abstreifen und fein hacken. Unter das Pilzragout heben und mit Salz, Pfeffer und Muskat abschmecken.

**Tipp:** Dazu passen Semmelknödel oder Speckknödel (S. 73).

# UNGARISCHES KESSELGULASCH

**250 g Zwiebeln** schälen und würfeln. **500 g Rindergulasch** in ca. 3 cm große Würfel schneiden. **2 EL Schmalz** in einem großen Topf erhitzen. Zwiebeln darin andünsten. Fleisch zufügen und unter Wenden ca. 15 Min. anbraten. Mit **Salz, Pfeffer, 1 EL edelsüßem Paprikapulver** und **1 TL Kümmel** würzen. **2 Lorbeerblätter** zugeben und mit **750 ml Wasser ablöschen.** Zugedeckt ca. 50 Min. schmoren. Inzwischen **300 g Kartoffeln** schälen und in ca. 2 cm große Würfel schneiden. **250 g Tomaten** und **250 g grüne Paprikaschoten** vom Kerngehäuse befreien und in kleine Stücke schneiden. **1 EL Tomatenmark** ins Gulasch rühren. Vorbereitete Zutaten und so viel **Wasser** zufügen, dass alles gut mit Flüssigkeit bedeckt ist. Zugedeckt ca. 40 Min. schmoren. Nochmals mit Salz, Pfeffer und Paprika abschmecken. Mit **100 ml saurer Sahne** verfeinern und servieren.

Ungarisches Kessel-
gulasch, S. 82

# BLUMENKOHLGRATIN

1 Blumenkohl (ca. 750 g) in Röschen teilen und diese in kochendem Salzwasser bissfest garen. 4 Frühlingszwiebeln in Ringe schneiden. 400 g Rinderhack in 2 EL Öl krümelig anbraten, mit Salz und Pfeffer würzen, die Frühlingszwiebeln dazugeben und mit andünsten. 400 g gehackte Tomaten (Dose) zufügen, aufkochen lassen und alles bei geringer Hitze ca. 20 Min. köcheln. Mit Cayennepfeffer und Salz würzen. Den Backofengrill auf 200 °C vorheizen. 200 g Raclettekäse in Streifen schneiden. Hackfleischsauce in eine Auflaufform geben, die Blumenkohlröschen darauf verteilen und mit dem Käse belegen. Auf der 2. Schiene von unten im Backofen ca. 5 Min. grillen, bis der Käse geschmolzen ist.

VEG

# GEFÜLLTE ZWIEBELN

4 Gemüsezwiebeln schälen und in Salzwasser ca. 15 Min. vorgaren. Dann abtropfen und abkühlen lassen. Anschließend einen Deckel abschneiden, Zwiebeln aushöhlen und das Innere fein würfeln. Die Zwiebelwürfel mit 100 g Risotto-Reis in 50 g Butter anschwitzen. 2 EL Tomatenmark zugeben und kurz anschwitzen. Mit 400 ml Gemüsebrühe (Instant) aufgießen und zugedeckt ca. 15 Min. quellen lassen. 80 g Comté reiben, die Hälfte unterrühren und mit Salz und edelsüßem Paprikapulver würzen. Den Backofen auf 200 °C vorheizen. Eine Auflaufform mit etwas Öl fetten, die Zwiebeln hineinsetzen, mit der Reismasse füllen und die restliche Masse um die Zwiebeln herum verteilen. Mit dem übrigen Käse bestreuen, die Deckel aufsetzen. Die Zwiebeln ca. 20 Min. überbacken. Mit 1 EL Schnittlauchröllchen bestreut servieren.

# RÖSTKARTOFFEL-BACON-AUFLAUF

1 kg Kartoffeln ca. 20 Min. kochen, abschrecken und pellen. 2 Zwiebeln schälen und in Streifen schneiden. 100 g geräucherten Speck würfeln und in einer großen Pfanne ohne Fett knusprig braten. Zwiebeln zugeben und glasig dünsten. Die Pfanne vom Herd ziehen und beides herausnehmen. Die Kartoffeln in Scheiben schneiden, 3 EL Öl in der Pfanne erhitzen, die Kartoffeln darin von beiden Seiten ca. 10 Min. braten. Den Backofen auf 175 °C vorheizen. Speck und Zwiebeln unter die Kartoffeln mischen, mit Salz und Pfeffer würzen. In eine mit etwas Öl gefettete Auflaufform geben. 125 g Schmand mit 125 ml Milch und 3 Eiern verquirlen. 50 g von 75 g mittelaltem Gouda unterrühren und mit Salz, Pfeffer und Muskat würzen, in der Form verteilen. Ca. 40 Min. backen. 10 Min. vor Ende der Backzeit den restlichen Käse auf dem Auflauf verteilen.

Röstkartoffel-Bacon-Auflauf, S. 86

# LACHS AUF FENCHEL UND MÖHREN

Den Backofen auf 200 °C vorheizen. Von 1 Bio-Orange 2 EL Schale abreiben und 4 EL Saft auspressen, dann beides mit 4 EL Gemüsebrühe (Instant), 2 EL Olivenöl, Salz und Pfeffer verrühren. Das Grün von 2 Fenchelknollen (500 g) beiseitelegen, die Fenchelknollen grob raspeln. 400 g Möhren ebenfalls grob raspeln und beides mit der Orangensaftmarinade mischen. Fenchelgrün hacken und unterheben. Kräftig mit Salz und Pfeffer würzen. Gemüsemischung jeweils auf die Mitte von 4 Bögen Alufolie verteilen. 600 g Lachsfilet in 4 Stücke teilen, salzen und pfeffern, auf das Gemüse legen und die Folie darüber fest zusammenfalten. Den Fisch auf der 2. Schiene von unten ca. 20 Min. garen. Die Spitzen von 1/2 Bund Dill abzupfen und hacken. Die Fischpäckchen öffnen und mit dem Dill bestreuen. **Tipp:** Dazu passen Salzkartoffeln.

VEG

# BROKKOLITARTE

Aus 125 g Mehl, 70 g Butter, 50 g von 150 g geriebenem Appenzeller, 1 TL Zucker, 1 Prise Salz und 1 Eigelb einen Teig kneten, 1 Std. kalt stellen. 500 g Brokkoli in Röschen zerteilen. Stiele schälen und in Scheiben schneiden. Brokkoli in Salzwasser ca. 3 Min. kochen, dann kalt abschrecken. 400 g gehackte Tomaten (Dose) abtropfen lassen und mit Salz, Pfeffer und getr. Thymian würzen. Den Backofen auf 200 °C vorheizen. Den Teig ausrollen, in eine gefettete Form geben, einen Rand formen und den Teig mehrmals mit einer Gabel einstechen. Mit Backpapier und Hülsenfrüchten belegen und 15 Min. blindbacken. Papier und Hülsenfrüchte entfernen. 200 g Schmand mit dem restlichen Käse und 1 Ei verrühren. Mit Salz, Pfeffer und Muskat würzen. 1 EL Paniermehl auf den Teig streuen, Brokkoli, Tomaten und zuletzt den Guss darauf verteilen. 45 Min. backen.

# KRAUTFLECKERL

800 g Spitzkohl in Streifen schneiden. 2 Zwiebeln und 4 Knoblauchzehen schälen und fein würfeln, 200 g durchwachsenen Räucherspeck ebenfalls fein würfeln. 2 EL Schmalz in einer großen Pfanne oder einem Topf zerlassen, 4 EL Zucker darin unter Rühren karamellisieren. Zwiebeln und Speck dazugeben und goldgelb rösten. Spitzkohl untermischen, mit 250 ml Weißwein oder Gemüsebrühe ablöschen. Mit Salz, Pfeffer und etwas Kümmelpulver würzen. Knoblauch zugeben. Den Spitzkohl bei geringer Hitze in ca. 7 Min. weich dünsten. Inzwischen 400 g Fleckerl (österreichische Nudelsorte, ersatzweise in Stücke gebrochene Bandnudeln) in Salzwasser bissfest kochen, abgießen und abtropfen lassen. Die Fleckerl unter das Kraut mischen.

# SAVOYER KARTOFFELAUFLAUF

1,2 kg kleine Kartoffeln ca. 15 Min. kochen, dann abschrecken und schälen. Inzwischen 150 g Räucherspeck fein würfeln. 1 Gemüsezwiebel schälen und in dünne Streifen schneiden. Den Backofen auf 175 °C vorheizen. 1 EL Öl in einer großen Pfanne erhitzen, Speck darin knusprig braten, Zwiebel dazugeben und andünsten. Die Kartoffeln zufügen und ca. 5 Min. anbraten. Mit 250 ml trockenem Weißwein ablöschen, Salz und Pfeffer zufügen und 150 g Crème fraîche unterrühren. Den Pfanneninhalt in eine Auflaufform geben. 250 g Reblochon (Käse aus Savoyen) waagerecht halbieren und mit der Rinde nach unten auf die Kartoffeln legen. Die Form mit einem Deckel oder Alufolie abdecken und ca. 20 Min. backen, bis der Käse geschmolzen ist. Dann ohne Abdeckung nochmals ca. 15 Min. backen. **Tipp:** Dazu passen Baguette und ein Salat.

VEG

# MANGOLD IN SENFRAHM

800 g mehligkochende Kartoffeln schälen, grob würfeln und in Salzwasser ca. 15 Min. sehr weich kochen. Die Stiele von 700 g Mangold in feine Streifen schneiden. Das Mangoldgrün grob hacken. 1 rote Chilischote entkernen und fein würfeln, 1 Knoblauchzehe schälen und in Scheiben schneiden. 50 ml Öl in einem flachen Topf zerlassen. Mangoldstiele darin mit Chili und Knoblauch glasig dünsten. Mit 400 ml Gemüsebrühe (Instant) aufgießen und ca. 8 Min. offen kochen, bis die Flüssigkeit fast verdampft ist. 150 ml Hafersahne, 1–2 EL mittelscharfen Senf und 1 TL Kurkuma dazugeben und dicklich einkochen. Das Mangoldgrün unterheben und ca. 2 Min. kochen. Mit Salz und 1 Prise Rohrzucker würzen. Die Kartoffeln salzen, grob stampfen, mit 1 TL Olivenöl beträufeln und zum Mangold servieren.

# JETZT WIRD'S HEISS

## SCHARFES & WÜRZIGES

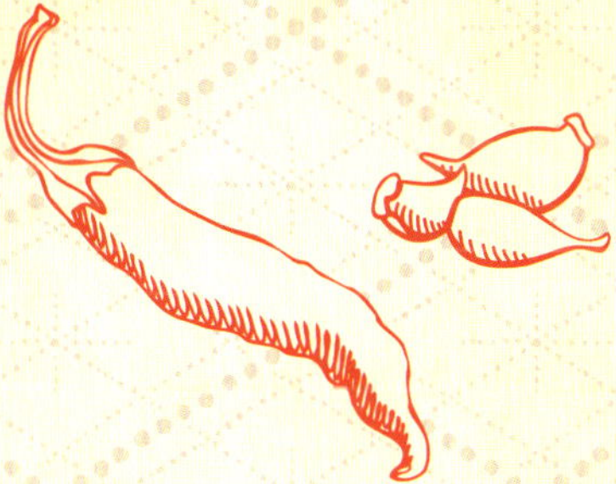

VEG

# GEMÜSE-COUSCOUS

**200 g Möhren** schälen und in Spalten schneiden. **400 g Hokkaido-Kürbis** in 2 cm dicke Scheiben schneiden. **400 g Rosenkohlröschen** halbieren. **2 Zwiebeln** und **3 Knoblauchzehen** schälen und in Scheiben schneiden. **500 ml Gemüsebrühe (Instant)** mit **1 Döschen Safranfäden, Salz** und **1 TL Cayennepfeffer** aufkochen. **5 EL Olivenöl** in einem breiten Topf erhitzen. Gemüse portionsweise anbraten und herausnehmen. Zwiebeln, Knoblauch und **2 Zimtstangen** ca. 1 Min. braten. **250 g Couscous** zugeben und kurz rösten. Gewürzbrühe angießen. Gemüse und **80 g Rosinen** zugeben. Zugedeckt ca. 15 Min. bei mittlerer Hitze garen. Die Blättchen von **1 Bund glatter Petersilie** von den Stielen zupfen und fein hacken. **200 g Joghurt** mit Petersilie, etwas Salz, **1/2 TL Zimt** und **1 Prise Cayennepfeffer** verrühren. Couscous vorsichtig umrühren und mit der Joghurtsauce servieren.

# SCHWEINE-PILAW

300 g TK-Blattspinat auftauen. 425 g Kichererbsen (Dose) abtropfen lassen. 800 g Schweinefleisch (Bugstück/Falsches Filet) 2 cm groß würfeln. In einem Bräter in 3 EL Öl braun anbraten, mit Salz und Pfeffer und 2 TL roter Currypaste würzen und herausnehmen. 150 g Zwiebeln und 2 Knoblauchzehen schälen und würfeln. Zusammen mit 200 g Basmati-Reis im Bratöl glasig dünsten. 50 g Korinthen zugeben und mit 450 ml Gemüsebrühe (Instant) ablöschen. Das Fleisch zugeben und alles zugedeckt bei mittlerer Hitze ca. 30 Min. schmoren. Nach ca. 20 Min. Spinat und Kichererbsen hinzugeben. Den Pilaw mit Piment, Salz und Pfeffer abschmecken.

VEG

# VEGETARISCHES CHILI

**125 g Soja-Granulat** nach Packungsanleitung in heißer **Gemüsebrühe (Instant)** ca. 10 Min. ausquellen lassen. Mit **1 1/2 TL Pimentón de la Vera (span. Paprikapulver), 1/4 TL Muskat** und **1 TL getr. Thymian** würzen. **1/2 Bund Frühlingszwiebeln** in Ringe schneiden, das Grün beiseitelegen. **2 Knoblauchzehen** schälen und hacken. **4 Stangen Staudensellerie** in Scheiben schneiden. **2 EL Öl** in einem Topf erhitzen. Weiße Teile der Frühlingszwiebeln und Knoblauch darin glasig dünsten, Sellerie, Soja-Granulat und **1 EL Chilipulver** zufügen und kurz mitdünsten. **800 g geschälte Tomaten (Dose)** zufügen und alles offen bei geringer Hitze ca. 1 Std. einkochen lassen. 10 Min. vor Ende der Garzeit **255 g Kidneybohnen (Dose)** und **285 g Mais (Dose)** zufügen. Mit **Salz, Pfeffer** und **Chilipulver** abschmecken und mit Frühlingzwiebelringen bestreut servieren.

Vegetarisches Chili, S. 96

# BOHNEN-GARNELEN-WOK

400 g geschälte Garnelen mit Salz, Pfeffer und dem Saft 1 Limette würzen. 400 g Buschbohnen schräg in ca. 2 cm lange Stücke schneiden. 4 Knoblauchzehen und 1 Zwiebel schälen und fein würfeln. 2 Chilischoten entkernen und fein würfeln. Die Blättchen von 1/2 Bund Koriandergrün von den Stielen zupfen und fein hacken. Den Wok heiß werden lassen und darin 2 EL Öl erhitzen. Das Garnelenfleisch unter Rühren 2 Min. braten, dann herausnehmen und auf einen Teller legen. Weitere 2 EL Öl erhitzen und darin die Bohnen, Knoblauch, Zwiebel und Chili ca. 3 Min. braten. 125 ml Tomatensaft zugießen. Alles mit 1 Prise Cayennepfeffer, 1 Prise gem. Piment, Salz, Pfeffer und dem Saft 1 Limette würzen. 250 g gekochten Reis und das Garnelenfleisch zum Erwärmen unterziehen. Mit dem Koriandergrün garnieren.

# SÜSSKARTOFFEL-SUPPE

**2 große Zwiebeln** schälen und hacken, in **2 EL Öl** in einem großen Topf bei geringer Hitze ca. 8 Min. glasig andünsten. **Je 3 große Süßkartoffeln und Kartoffeln** schälen und würfeln, **3 große Möhren** ebenfalls würfeln. **2 rote Chilischoten** entkernen und in Streifen schneiden. **1 Stange Zitronengras** von Außenblättern und Strunk befreien und zerdrücken. Gemüse, Chili und Zitronengras in den Topf geben, mit **600 ml Gemüsebrühe (Instant)** aufgießen. Bei geschlossenem Deckel ca. 15 Min. köcheln, bis das Gemüse weich ist. Zitronengras entfernen und **400 ml Kokosmilch (Dose)** zufügen. Die Suppe pürieren, mit **Salz** und **Pfeffer** abschmecken und nochmals erhitzen. Mit **1 Handvoll Korianderblätter** bestreut servieren. **Tipp:** Ergänzen Sie die Suppe noch um 8 gebratene Riesengarnelen.

VEG

# GRÜNES THAI-GEMÜSE-CURRY

**400 g Blumenkohl** in Röschen teilen. **400 g Möhren** schälen und in Scheiben schneiden. **2 Stangen Porree** putzen, waschen und in 1 cm breite Ringe schneiden. **175 g Bambussprossen (Glas)** abtropfen lassen. **3 Knoblauchzehen** schälen und fein würfeln. **1 Mango** schälen und das Fruchtfleisch grob würfeln. Blumenkohl und Möhren ca. 2 Min, den Porree 1 Min. in Salzwasser kochen. Gemüse abschrecken und abtropfen lassen. Gemüse in **3 EL Öl** ca. 2 Min. anbraten. Mit dem Knoblauch und **1–2 EL grüner Currypaste** würzen. Mit **400 ml Kokosmilch (Dose)** und **100 ml Gemüsebrühe (Instant)** auffüllen. Sprossen zugeben. Bei mittlerer Hitze ca. 10 Min. köcheln. Die Blättchen von **1 Bund Koriander** abzupfen, grob hacken und mit den Mangostücken zum Curry geben. Mit **2 EL heller Sojasauce, 3 EL Limettensaft** und **Pfeffer** abschmecken.

# INDISCHES LINSENGERICHT (DAL)

VEG

**300 ml Gemüsebrühe (Instant)** und **200 ml Kokosmilch (Dose)** aufkochen. **200 g rote Linsen** und **1 getr. Lorbeerblatt** zugeben und zugedeckt ca. 10 Min. weich garen. **1 Stück Ingwer (2 cm)** und **1 Knoblauchzehe** schälen und beides fein hacken. Ingwer, Knoblauch, **1/2 TL Kreuzkümmel** und **1/2 TL gem. Koriander** in **1 EL Öl** bei mittlerer Hitze andünsten. **1 TL Kurkuma** unterrühren. Die Würzmischung unter die Linsen ziehen. Mit **Salz, Pfeffer** und **1–2 EL Zitronensaft** würzen. Ca. 10 Min. auf der ausgeschalteten Kochstelle ausquellen lassen. Blättchen von **3 Stängeln Koriander** abzupfen und darüberstreuen. **Tipp:** Dazu passen gebratene Lammkoteletts und indisches Fladenbrot (Naan).

VEG

# ROTE-BETE-SUPPE MIT MEERRETTICH UND GRÜNEM PFEFFER

**400 g Rote Bete** schälen und würfeln (mit Handschuhen arbeiten, da das Gemüse stark abfärbt). **200 g mehligkochende Kartoffeln** und **1 Zwiebel** ebenfalls schälen und würfeln. **1 EL Öl** in einem Topf erhitzen und das Gemüse darin andünsten. **750 ml Gemüsebrühe (Instant)** angießen und bei mittlerer Hitze ca. 35 Min. kochen. Einige Rote-Bete-Würfel herausnehmen und beiseitelegen. Die restliche Suppe fein pürieren. **100 g saure Sahne** glatt rühren. **1 Stück Meerrettichwurzel (ca. 3 cm)** schälen und sehr fein reiben. **1 TL eingelegten grünen Pfeffer** abtropfen lassen. Die Suppe im Topf erhitzen, mit **Salz** und **Pfeffer** würzen. Den Meerrettich unterrühren. Die Suppe auf vier Teller verteilen, die saure Sahne spiralförmig unterrühren und mit grünem Pfeffer, Rote-Bete-Würfeln und **1 EL Schnittlauch** bestreut servieren.

Rote-Bete-Suppe mit Meerrettich und grünem Pfeffer, S. 102

# TANDOORI-HUHN

3 Knoblauchzehen und 30 g Ingwer schälen und fein hacken, Saft von 1 Limette auspressen. Alles in einem Topf mit 5 TL Garam Masala, 3 TL Cayennepfeffer und 2 TL Salz verrühren. Bei geringer Hitze ca. 5 Min. erhitzen. 1 Zwiebel schälen, fein hacken und kurz mitdünsten. 1 ganzes Hähnchen mit der Geflügelschere halbieren und häuten. Die Würzpaste mit 300 g Joghurt verrühren, das Fleisch damit bedecken und über Nacht kalt stellen. Am nächsten Tag den Backofen auf 175 °C vorheizen. Ein Backblech mit Backpapier auslegen, das Fleisch mit der Marinade darauflegen und mit 2 EL Öl beträufeln. Im Backofen ca. 45 Min. backen. Nach 40 Min. den Backofengrill auf höchste Stufe stellen und noch 5 Min. rösten. **Tipps:** Dazu passen indisches Fladenbrot (Papadam) oder Hirse und Gurkensalat.

# FLEISCHBÄLLCHEN IN PIKANTER SAUCE

Den Backofen auf 200 °C vorheizen. **1 Knoblauchzehe** schälen und pressen. Mit **800 g Schweinemett, 75 g Semmelbröseln, 1 Ei** und **2 EL fein gehackter Petersilie** mischen. Mit **Salz** und **Pfeffer** abschmecken. Daraus Bällchen formen, auf einem mit Backpapier ausgelegtem Blech 15–20 Min. backen. **1 Zwiebel** und **3 Knoblauchzehen** schälen und fein hacken. **100 g Chorizo** würfeln. **1 rote Chilischote** entkernen und klein schneiden. **1 Dose weiße Bohnen (400 g)** abtropfen lassen. **2 EL Olivenöl** in einer Pfanne erhitzen und die Zwiebel darin glasig dünsten. Knoblauch, **1 getr. Lorbeerblatt, 1/2 TL Pimentón de la Vera (span. Paprikapulver)** und Chorizo zufügen und unter Rühren ca. 3 Min. garen. Dann Chili, Bohnen und **800 g geschälte Tomaten (Dose)** zufügen und ca. 25 Min. garen. Die Fleischbällchen hineingeben und mit **geriebenem Manchego** bestreut servieren.

# FRUCHTIGES TOFUCURRY

VEG

600 g Räuchertofu grob würfeln. 2 Zwiebeln und 2 Möhren schälen, Zwiebeln fein hacken und Möhren in feine Würfel schneiden. 1 Stange Staudensellerie in Stücke schneiden. 2 Mangos schälen, das Fruchtfleisch würfeln. Den Wok erhitzen, 2 EL Rapsöl hineingeben und darin 1 TL Kurkuma und 2 EL grüne Currypaste ca. 1 Min. anrösten. Tofuwürfel zugeben und ca. 2 Min. unter Rühren braten. Dann Zwiebeln und Möhren hinzufügen und einige Min. anbraten. 500 ml Gemüsebrühe (Instant) angießen und einmal aufkochen lassen. Staudensellerie und Mangostücke untermischen. Ca. 5 Min. garen. Die Blättchen von 1 Bund Koriander von den Stielen zupfen, in Streifen schneiden und vor dem Servieren über das Curry streuen.

# WÜRZIGES LAMMGULASCH

2 große Zwiebeln schälen und würfeln. 250 g Möhren und 1 Stange Staudensellerie fein würfeln. 3 Nelken, 1 TL Pfefferkörner, 1 TL Piment und 2 TL Koriander im Mörser zerreiben und mit 1/2 TL Kreuzkümmel mischen. 2 EL Öl in einem großen Topf erhitzen. 800 g Lammgulasch würfeln, mit Salz und Pfeffer würzen und im heißen Öl anbraten. Zwiebeln, Möhren und Sellerie zugeben und kräftig andünsten. 2 EL Tomatenmark und die Gewürzmischung zugeben und anrösten. 250 ml kräftigen Rotwein angießen und etwas einkochen lassen. 500 ml Lammfond (Glas) dazugeben und alles zugedeckt bei milder Hitze ca. 2 Std. leise köcheln. 30 Min. vor Ende der Garzeit 100 g getr. Aprikosen dazugeben. 50 g Pinienkerne in einer Pfanne goldbraun anrösten und das Lammgulasch damit bestreut servieren. **Tipp:** Dazu passt Gemüse-Couscous (S. 94).

VEG

# PIKANTER TOMATEN-RISOTTO

**2 Zwiebeln** und **1 Knoblauchzehe** schälen und würfeln. **1 rote Chilischote** vom Kerngehäuse befreien und in Streifen schneiden. **1 EL Öl** und **1 EL Butter** in einem Topf erhitzen. Zwiebeln und **400 g Risotto-Reis** darin bei mittlerer Hitze glasig dünsten. Knoblauch und Chili unterrühren und kurz andünsten. Mit **100 ml Weißwein** ablöschen und einkochen lassen. Offen bei mittlerer Hitze unter häufigem Rühren 20–25 Min. garen. Dabei immer wieder einen Schöpflöffel von **750 ml heißer Gemüsebrühe (Instant)** zugießen, sobald sie vom Reis fast aufgesogen ist. **150 g getr. Tomaten in Öl** fein hacken und ca. 5 Min. vor Ende der Garzeit unter den Risotto rühren. Die Blättchen von **8 Stängeln Oregano** abzupfen, hacken und unterrühren. Den Risotto mit **Salz, Pfeffer** und **Cayennepfeffer** abschmecken. Mit **2–3 EL frisch geriebenem Parmesan** bestreut servieren.

# UNGARISCHER FISCHTOPF

**400 g Filets von Süßwasserfischen (z. B. Zander und Barsch)** mundgerecht würfeln. Mit **Salz, weißem Pfeffer** und **1 EL edelsüßem Paprikapulver** würzen. **1 Paprikaschote** vom Kerngehäuse befreien und in Streifen schneiden. **1 Zwiebel** schälen und in Streifen schneiden. Paprika und Zwiebel mit **400 ml Fischfond (Glas)** in einen Topf geben. **1 Lorbeerblatt** dazugeben und alles aufkochen. Offen bei mittlerer Hitze ca. 5 Min. köcheln lassen. Die Fischfilets in den Topf geben. Bei schwacher Hitze ca. 6 Min. ziehen lassen. Die Blättchen von **1/2 Bund glatter Petersilie** abzupfen und fein hacken. **125 g Schmand** verrühren und mit Salz, weißem Pfeffer und **rosenscharfem Paprikapulver** abschmecken. Den Fischtopf ebenfalls abschmecken. Die Petersilie unterziehen und den Schmand daraufgeben. Zusätzlich mit etwas Rosenpaprika bestreuen.

# CHORIZO IN CIDRE

**1 Zwiebel** schälen und fein hacken. **400 g Chorizo** schräg in Scheiben schneiden. **2 EL Olivenöl** in einem Topf erhitzen und die Zwiebelwürfel darin goldgelb andünsten. **1 TL edelsüßes Paprikapulver** dazugeben und ca. 1 Min. anrösten. **125 ml trockenen Cidre** und **1 Lorbeerblatt** dazugeben und ca. 5 Min. köcheln lassen. Die Chorizo zugeben und nochmals ca. 5 Min. garen, bis die Flüssigkeit etwas eingekocht ist. Mit **1 EL trockenem Sherry (oder Rotweinessig)** sowie **Salz** und **Pfeffer** abschmecken. Mit **1 EL gehackter Petersilie** bestreut servieren. **Tipps:** Als Bestandteil einer Tapas-Vorspeisenplatte oder als kleines Hauptgericht mit Kartoffeln servieren. Dazu passt Baguette.

VEG

# KÜRBIS-PORREE-CURRY

**400 g Kartoffeln** schälen, halbieren und in 1 cm dicke Scheiben schneiden. **600 g Hokkaido-Kürbis** in Spalten schneiden. **500 g Porree** in 2 cm dicke Ringe schneiden. **4 EL Öl** in einem breiten Topf erhitzen. Kartoffeln trocken tupfen und ca. 4 Min. braten. Kürbisspalten dazugeben und ca. 3 Min. braten. Porree und **2 EL scharfes Currypulver** dazugeben und kurz anbraten. Mit **400 ml Gemüsebrühe (Instant)** und **150 ml Apfelsaft** ablöschen und bei mittlerer Hitze ca. 10 Min. kochen. **150 ml Hafersahne** und **150 g rote Linsen** dazugeben und ca. 10 Min. bei mittlerer Hitze garen. **2 EL Kürbiskerne** in einer Pfanne ohne Fett goldbraun rösten. Das Curry mit **Salz, Pfeffer, 2–3 EL Zitronensaft** und **Cayennepfeffer** abschmecken. Mit den Kürbiskernen bestreuen. **Tipp:** Dazu passt Basmati-Reis.

# TEX-MEX-CHILI

2 große Zwiebeln und 2 Knoblauchzehen schälen und hacken. 2 Paprikaschoten entkernen und in Streifen schneiden. 2 EL Öl in einem großen Topf erhitzen, die Zwiebeln darin glasig dünsten. 1–2 EL Cayennepfeffer (je nach gewünschter Schärfe) zufügen und mit anrösten. Knoblauch und 500 g Rinderhackfleisch zugeben und das Fleisch unter Rühren krümelig braten. Paprika zufügen, kurz andünsten, dann 800 g geschälte Tomaten (Dose) und 300 ml Fleischbrühe (Instant) zugeben und unterrühren. Offen ca. 1 Std. einkochen lassen, evtl. noch etwas Brühe zufügen. 10 Min. vor Ende der Garzeit 480 g Kidneybohnen (Dose) abtropfen lassen und zugeben. 4 Tortillas nach Packungsanleitung erwärmen. Das Chili mit Salz, Pfeffer und Cayennepfeffer abschmecken. Auf den Tortillas anrichten und mit Korianderblättchen bestreut servieren.

Tex-Mex-Chili,
S. 112

# HUHN MIT ERDNÜSSEN UND ZITRONENGRAS

**400 g Hähnchenbrustfilet** in schmale Streifen schneiden. Von **1 Stängel Zitronengras** unteres Ende und harte Außenblätter abschneiden, dann fein hacken. **4 Frühlingszwiebeln** fein würfeln. Alles gut miteinander mischen, mit **Salz** und **1/4 TL Pfeffer** würzen. Mit Frischhaltefolie bedeckt für ca. 20 Min. kalt stellen. **2 rote Chilischoten** entkernen und würfeln. **100 g ungesalzene Erdnüsse** in ein Küchentuch wickeln und mit dem Fleischklopfer zerkleinern. Die Erdnüsse unter Rühren im heißen Wok rösten, bis sie duften. Herausnehmen und beiseite legen. **3 EL Öl** im Wok erhitzen und darin die Hähnchenbrust ca. 3 Min. unter Rühren braten. Chili zufügen und weitere 4 Min. braten. Mit **1 EL Honig** und **3 EL Sojasauce** würzen. Die Erdnüsse unterheben, mit Salz und Pfeffer abschmecken, mit **Korianderblättchen** garnieren und sofort servieren.

VEG

# SCHARF-SÜSSE MÖHRENSUPPE

500 g Möhren schälen und in kleine Stücke schneiden. 60 g Zwiebel schälen und fein würfeln. 80 g getr. Aprikosen fein würfeln. 1 Stück Ingwer schälen und fein würfeln. 1 grüne Chilischote halbieren, entkernen und fein würfeln. Die Schale von 1 Bio-Limette dünn abreiben. Die Limette auspressen. 3 EL Öl in einer Pfanne erhitzen und darin Möhren, Zwiebeln, Aprikosen, Ingwer und Chili andünsten. Mit 150 ml Weißwein und 100 ml Orangensaft ablöschen. 500 ml Gemüsebrühe (Instant), 100 ml Hafersahne und Limettenabrieb und -saft dazugießen. Ca. 15 Min. bei mittlerer Hitze köchen lassen. Die Blättchen von 1 Bund Basilikum von den Stielen zupfen und grob schneiden. Die Möhrensuppe fein pürieren. Mit Salz und Cayennepfeffer abschmecken. Mit Basilikumblättern bestreuen.

VEG

# CHILI-KNOBLAUCH-SPAGHETTI

**500 g Spaghetti** nach Packungsanleitung in reichlich kochendem Salzwasser bissfest garen. Inzwischen **2 Knoblauchzehen** schälen und mit der flachen Seite eines großen, schweren Messers zerdrücken. **2 getr. Chilischoten** etwas zerbröseln. Die Blättchen von **8 Stängeln Petersilie** abzupfen und grob hacken. **4 EL Oliven- und 4 EL Rapsöl** in einer Pfanne erhitzen. Knoblauch und Chili darin unter ständigem Rühren bei geringer Hitze andünsten. Spaghetti in ein Sieb abgießen und abtropfen lassen, dabei 125 ml Kochwasser auffangen. Nudelwasser und Petersilie unter das Knoblauch-Chili-Öl rühren. In einer großen Schüssel mit den Spaghetti mischen. Mit **Salz** und **Pfeffer** würzen.

# SCHWEINEFLEISCH MIT BANANE UND KOKOS

**400 g Schweinefilet** in schmale Streifen schneiden. **1 kleine Zwiebel** und **2 Knoblauchzehen** schälen und fein würfeln. **3 getr. Chilischoten** zerbröseln. **1 große, nicht zu weiche Banane** schälen, in dünne Scheiben schneiden und mit dem **Saft von 1 Limette** beträufeln. **3 EL Öl** im Wok erhitzen. Zwiebel- und Knoblauchwürfel sowie Chili andünsten. Die Bananenscheiben hinzufügen und das Ganze einige Min. unter Rühren garen. Mit **100 ml Gemüsebrühe (Instant)** und **400 ml Kokosmilch (Dose)** aufgießen und aufkochen lassen. Die Fleischstreifen hineinlegen und bei milder Hitze ca. 5 Min. garen. Die Blättchen von **1/2 Bund Koriandergrün** von den Stielen zupfen und fein hacken. **50 g Sesam** in einer Pfanne ohne Fett rösten. Das Fleisch mit **3 EL Sojasauce, Salz** und **Pfeffer** abschmecken, den Koriander unterziehen und den Sesam darüberstreuen.

# GEDÄMPFTES LACHSFILET

Von **1 Stange Zitronengras** das untere Stück abschneiden und die harten Außenblätter entfernen, dann fein hacken. **1 Stück Ingwer (1 cm)** schälen und fein reiben. **2 Frühlingszwiebeln** ebenfalls fein hacken. **1/2 Limette** auspressen. Die Blättchen von **6 Stängeln Koriander** fein hacken. Die Hälfte davon mit den Frühlingszwiebeln vermischen und beiseitestellen. Den restlichen Koriander mit Zitronengras, Ingwer, 1–2 EL Limettensaft, **1 Msp. Wasabipulver, 1 EL süßer Chilisauce** und **2 TL Fischsauce** sowie **1 EL Sesamöl** in einer Schüssel mischen. **4 Lachsfilets (à 150 g)** in die Marinade geben. Zugedeckt im Kühlschrank ca. 1 Std. marinieren. Aus der Marinade nehmen, in einen Dämpfeinsatz geben und über kochendem Wasser in einem geschlossenen Topf ca. 8 Min. garen. Herausnehmen, mit der Koriander-Zwiebel-Mischung bestreut servieren.

# KICHERERBSEN MIT CHORIZO

**180 g getr. Kichererbsen** über Nacht in Wasser einweichen. Am nächsten Tag abgießen und zusammen mit **1 l Hühnerbrühe (Instant), 1 Lorbeerblatt** und **4 Gewürznelken** in einen Topf geben und bei geringer Hitze ca. 1 Std. zugedeckt garen, bis sie weich sind. Falls nötig Wasser zugießen. **1 Zwiebel** und **3 Knoblauchzehen** schälen und fein würfeln. **300 g Chorizo** klein würfeln. **2 EL Olivenöl** in einem großen Topf erhitzen. Die Zwiebel darin anschwitzen, dann den Knoblauch und die Chorizo zugeben. Die Temperatur erhöhen, sodass die Chorizowürfel knusprig gebraten werden. Die Kichererbsen gut abtropfen lassen, zufügen und erwärmen. Mit **Salz** und **Pfeffer** abschmecken und mit **2 EL gehackter Petersilie** bestreut servieren. **Tipp:** Schmeckt als Bestandteil einer Tapasplatte oder als kleines Hauptgericht mit Bauernbrot.

# ROTES THAI-CURRY MIT PUTE

1/2 Blumenkohl in Röschen teilen und diese evtl. in mundgerechte Stücke schneiden. 1 grüne Chilischote entkernen und in Ringe schneiden. 175 g Bambussprossen (Glas) abtropfen lassen. 1 EL Öl in einem Wok erhitzen und 400 g Putengulasch darin bei mittlerer Hitze ca. 5 Min. rundherum goldbraun braten, herausnehmen. Blumenkohl und Chili in den Wok geben und kurz andünsten. 400 ml Kokosmilch (Dose) und 1–3 EL rote Currypaste dazugeben und aufkochen lassen. 2 TL Fischsauce und 2 TL Rohrzucker zufügen. Das Fleisch wieder zugeben und alles offen ca. 25 Min. garen. 1 Bund Thai-Basilikum in Streifen schneiden, die Blättchen von 1/2 Bund Koriandergrün abzupfen. 2 EL ungesalzene Erdnüsse hacken. 5 Min. vor Garzeitende Bambussprossen und Erdnüsse unterheben. Das Curry abschmecken und mit den Kräutern bestreut servieren.

Rotes Thai-Curry mit Pute,
S. 120

# JAMBALAYA

200 g Chorizo in Scheiben schneiden. Je 4 Hähnchenschenkel und -flügel waschen, trocken tupfen und salzen. 1 Zwiebel und 2 Knoblauchzehen schälen und würfeln. 2 grüne Chilischoten entkernen und in Ringe schneiden. 4 Stangen Staudensellerie in Scheiben schneiden. 2 EL Olivenöl in einer Pfanne oder einem Wok erhitzen, die Wurst darin ca. 2 Min. braten, herausnehmen. Die Hähnchenschenkel im Bratfett ca. 5 Min., die Flügel ca. 3 Min. rundherum braten, herausnehmen. Nun das Gemüse im Bratfett andünsten. 250 g Langkornreis zugeben und mit 1 l Gemüsebrühe (Instant) aufgießen. Aufkochen, Hähnchenflügel und -keulen darauflegen und abgedeckt ca. 20 Min. garen. Das Fruchtfleisch von 1 Mango vom Stein schneiden, schälen und in Stücke schneiden. Mango und Chorizo unter den Reis heben und mit Salz und Pfeffer abschmecken.

VEG

# FRITTIERTE GEMÜSENOCKEN

**100 g Möhren** und **100 g Kartoffeln** schälen und mit **100 g Porree** und **100 g Brokkoli** in grobe Stücke schneiden. **2 Knoblauchzehen** und **1 Stück Ingwer (1 cm)** schälen. Alles in der Küchenmaschine fein pürieren. **200 g Kichererbsenmehl** mit **125 ml lauwarmem Wasser** und **2 TL Öl** mit den Knethaken des elektrischen Handrührgeräts zu einem Teig verarbeiten. Das Gemüsepüree, **1 TL Cayennepfeffer, 1/2 TL Salz, 1/2 TL gem. Kurkuma** und **1/4 TL Kreuzkümmel** unter den Teig mischen. **1 l Öl** in der Fritteuse oder einem großen Topf erhitzen. Mit zwei Teelöffeln ca. 24 Nocken abstechen und im Öl portionsweise von allen Seiten goldgelb backen. Die Nocken mit dem Schaumlöffel herausnehmen und auf Küchenpapier abtropfen lassen. Die Gemüsenocken auf Teller verteilen und je ein Schälchen mit **Chilisauce** oder **Joghurt** zum Dippen dazu reichen.

# NUDELTORTILLAS MIT GARNELEN

250 g Mie-Nudeln (Instant) in kochendes Wasser geben und den Topf vom Herd nehmen. Die Nudeln ca. 5 Min. im Wasser ziehen lassen, dann in einem Sieb abtropfen lassen und mit einer Schere in mundgerechte Stücke schneiden. 6 Eier mit 1 TL Salz, etwas Fünf-Pfeffer-Mischung und Chilipulver verquirlen. 80 g durchwachsenen Speck ohne Schwarte würfeln, im Wok knusprig ausbraten und herausnehmen. Den Wok auswischen. 3 EL Olivenöl im Wok erhitzen. 1/4 vom Speck und 1/4 von 150 g geschälten und gegarten Garnelen zugeben. Jeweils 1/4 der Nudeln und der Eimischung hinzufügen. Alles von beiden Seiten zu einer goldbraunen Tortilla backen. Die Tortilla herausnehmen, auf Küchenkrepp abtropfen lassen und warm stellen. Die restlichen 3 Tortillas ebenso braten. Chilisauce zu den Nudeltortillas reichen.

VEG

# KARTOFFELN MIT SCHARFER TOMATENSAUCE

**1 kg festkochende Kartoffeln** schälen, würfeln und trocken tupfen. **Frittieröl (Menge je nach Größe des Topfes)** in der Fritteuse oder einem großen Topf auf 180 °C erhitzen. Kartoffeln darin portionsweise ca. 5 Min. frittieren, abtropfen lassen. **1 kleine Zwiebel** und **3 Knoblauchzehen** schälen und fein hacken. **1 EL Olivenöl** in einem Topf erhitzen, die Zwiebel darin andünsten. Dann Knoblauch, **2 TL edelsüßes Paprikapulver, 2 TL Pimentón de la Vera (span. Paprikapulver)** und **1 Prise Cayennepfeffer** zugeben und andünsten. **400 g geschälte Tomaten (Dose)** und **1 Prise Zucker** zufügen und 20 Min. köcheln lassen. Die Sauce pürieren und mit **Paprikapulver** und **Cayennepfeffer** abschmecken. Das Frittieröl nochmals erhitzen und die Kartoffelwürfel darin ca. 2 Min. ein zweites Mal frittieren. Mit der Sauce und **2 EL gehackter Petersilie** bestreut servieren.

# LAMMFLEISCH MIT SESAM

**600 g Lammfleisch aus Schulter oder Keule** von Fett und Sehnen befreien und in feine Streifen schneiden. **3 Knoblauchzehen** schälen und hacken. Knoblauch, **3 EL Hoisinsauce, 5 EL trockenen Rotwein, 1/2 EL braunen Zucker, 1 1/2 EL rote thailändische Currypaste, 2 TL Limettensaft** und **1 EL Speisestärke** verrühren. 2–3 EL der Sauce über das Fleisch geben und ca. 30 Min. marinieren. **3 rote Zwiebeln** schälen und in Streifen schneiden. **3 Tomaten** achteln und entkernen. **1 EL Öl** im Wok erhitzen. Darin das Fleisch unter Rühren ca. 2 Min. anbraten, herausnehmen. **1 EL Öl** im Wok erhitzen. Darin Zwiebeln und Tomaten anbraten, bis die Zwiebeln glasig und die Tomaten weich sind. Die Marinade, die restliche Sauce und das Fleisch zufügen. Alles unter Rühren kurz erhitzen. **4 EL Sesam** in einer Pfanne anrösten und den Lammtopf damit bestreuen.

# GLUCK, GLUCK, GLÜCK

## HEISSE GETRÄNKE & PUNSCHE

VEG

# HEISSE CHILI-KARDAMOM-SCHOKOLADE

Die Samen aus **6 Kardamomkapseln** brechen und fein hacken. **200 ml Sahne** mit **1 EL Vanillezucker** steif schlagen und kalt stellen. **50 ml Sahne** und **400 ml Milch** mit dem Kardamom und **1 Msp. Cayennepfeffer** aufkochen. **200 g Zartbitterschokolade** in Stücke brechen, dazugeben und in der Milch auflösen. Die heiße Schokolade in vier Gläser füllen, steif geschlagene Sahne darauf verteilen und sofort servieren. Mit **Schokoraspeln** garnieren.

VEG

# MANGOPUNSCH

**1 Bio-Limette** halbieren, eine Hälfte auspressen, die andere in Scheiben schneiden. **2 Blutorangen** auspressen. Von **1 Stängel Zitronengras** das untere Ende und die äußeren Blätter entfernen, dann in Stücke schneiden und mit einem großen Messer zerquetschen. **3 Kardamomkapseln** ebenfalls mit einem großen Messer oder im Mörser leicht zerquetschen. **750 ml Mangosaft**, Orangen- und Limettensaft, Zitronengras, Kardamom und **1 Zimtstange** in einen Topf geben und aufkochen. Den Punsch bei geringer Hitze ca. 15 Min. ziehen lassen. Durch ein Sieb gießen und zusammen mit den Limettenscheiben auf vier Punschgläser verteilen.

VEG

# INGWERTEE MIT LIMETTEN

**1 Bio-Limette** halbieren. Eine Hälfte in feine Scheiben schneiden, die andere Hälfte auspressen. **1 Stück Ingwer (3 cm)** dünn schälen. Die Hälfte des Ingwers in feine Scheiben schneiden, die andere Hälfte fein reiben. **1 l Wasser** in einem Topf zusammen mit dem Ingwer und **3 EL braunem Zucker** aufkochen und ca. 10 Min. ziehen lassen. Die Limettenscheiben auf vier Teegläser verteilen, den Limettensaft zum Ingwertee gießen und den Tee auf die Gläser verteilen.

Ingwertee mit
Limetten, S. 130

VEG

# KAFFEE MIT MANDELMILCH

**100 g gehackte Mandeln** in einer Pfanne ohne Fett anrösten. **250 ml fettarme Milch** in einem Topf aufkochen, die Mandeln dazugeben und 15 Min. bei geringer Hitze ziehen lassen. Inzwischen **4 Tassen Kaffee (à 125 ml)** aufbrühen. Die Mandelmilch durch ein feines Sieb gießen und mit einem Milchaufschäumer aufmixen. **4 Sternanis** und **4 TL Zucker** (nach Belieben) auf vier Becher verteilen, den Kaffee dazugießen und die aufgeschäumte Milch darauf verteilen. **Tipp:** Wenn Sie keinen Milchaufschäumer haben, können Sie die durchgesiebte Mandelmilch auch einfach mit dem Kaffee mischen.

VEG

# MANDARINEN-PUNSCH

**4 TL Roibuschtee** mit **1 l kochendem Wasser** aufbrühen und ca. 5 Min. ziehen lassen. **4 Mandarinen** so schälen, dass die weiße Haut vollständig entfernt wird. Von der Schale 4 spiralförmige Stücke abschneiden und beiseitelegen. Mandarinen filettieren, dabei austretenden Saft auffangen. Mandarinenscheiben und -saft auf vier Punschgläser verteilen. Den Tee durch ein Sieb gießen und mit **4 TL Rohrzucker** verrühren, auf 4 Gläser verteilen. Jedes Glas mit einer Mandarinenschalen-Spirale garnieren und servieren.

# CHAI-TEE

VEG

**1 Stück Ingwer** (1 cm) schälen und fein hacken. **750 ml Wasser** und **250 ml Milch** in einem Topf zum Kochen bringen. Ingwer, **3 grüne Kardamomkaspeln, 3 Gewürznelken, 2 Sternanis, 1 TL Fenchelsamen, 1 Zimtstange** und **3 EL Rohrzucker** dazugeben, umrühren und bei geringer Hitze im offenen Topf 1 Min. köcheln lassen. Dann **2 TL Assam-Tee** hineingeben und alles nochmals aufkochen. Bei geringer Hitze ca. 15 Min. ziehen lassen. Den Gewürztee anschließend durch ein Sieb in eine Kanne oder in vier Teebecher gießen.

VEG

# WEISSER TRAUBEN-ORANGEN-GLÜHWEIN

**2 Bio-Saftorangen** auspressen. Von der Schale 4 spiralförmige Stücke abschneiden und beiseitelegen. Von der übrigen Schale 4 weitere Stücke abschneiden. Orangensaft, **250 ml fruchtigen Weißwein** und **700 ml weißen Traubensaft** in einen Topf gießen. Schalenstücke, **3 Gewürznelken, 1 Sternanis** und **1 grüne Kardamomkapsel** zugeben. Alles aufkochen und dann bei geringer Hitze ca. 10 Min. ziehen lassen. Gewürze und Schalenstücke entfernen. Den Glühwein auf vier Becher verteilen und mit je einer Orangenspirale garniert servieren.

# WINTERLICHER APFEL-MANDARINEN-PUNSCH

VEG

**1 Stück Ingwer (1 cm)** schälen und in feine Scheiben schneiden. **1 Bio-Mandarine** halbieren, eine Hälfte in dünne Scheiben schneiden, die andere Hälfte auspressen. **1 l naturtrüben Apfelsaft** mit Mandarinensaft, **2 Zimtstangen, 3 Nelken, 2 EL braunem Kandiszucker** und dem Ingwer aufkochen und bei geringer Hitze ca. 15 Min. ziehen lassen. Die Mandarinenscheiben auf vier Punschgläser verteilen, den Punsch durch ein Sieb und dann in die Gläser gießen.

Winterlicher Apfel-Mandarinen-Punsch, S. 136

# WEISSE SCHOKOLADE MIT EIERLIKÖR

VEG

**500 ml Milch** in einem Topf erhitzen. **80 g weiße Schokolade** in Stücke brechen und in der Milch unter Rühren schmelzen lassen. **80 ml Eierlikör** unterrühren und sofort in vier Punschgläser füllen. **Etwas Kakaopulver** darüberstäuben und sofort heiß servieren.

# FRUCHTIGER CIDRE-PUNSCH

VEG

Von **2 Äpfeln** das Kerngehäuse ausstechen und die Äpfel in dünne Ringe schneiden. **1 Bio-Orange** und **1 Bio-Limette** in dünne Scheiben schneiden. Den Saft der Limette auspressen. In einem Topf **1 l Cidre, 2 Zimtstangen, 8 Nelken, 2 EL Zucker** und die Apfelringe aufkochen und ca. 8 Min. bei geringer Hitze ziehen lassen, bis die Apfelringe weich sind. Die Nelken entfernen, Orangen- und Limettenscheiben sowie Limettensaft hinzufügen. Den Punsch und die Fruchtscheiben auf vier Gläser verteilen.

VEG

# KLASSISCHER GLÜHWEIN

Den Saft von **4 Saftorangen** auspressen. Die Schale von **1/2 Bio-Zitrone** dünn abschälen. **750 ml trockenen fruchtigen Rotwein** zusammen mit dem Orangensaft, der Zitronenschale, **60 g Zucker, 2 Zimtstangen** und **8 Nelken** in einen Topf geben und aufkochen. Bei geringer Hitze ca. 15 Min. ziehen lassen. Den Glühwein durch ein Sieb gießen und auf vier Becher verteilen.

# OSTFRIESISCHER TEEPUNSCH

VEG

**1 EL ostfriesische Teemischung** mit **125 ml heißem Wasser** überbrühen und nach Geschmack 3–5 Min. ziehen lassen. **75 g Zucker** in einem kleinen Topf unter Rühren karamellisieren lassen, mit **125 ml Wasser** ablöschen, Zucker unter Rühren auflösen und Topf vom Herd ziehen. Den Tee unterrühren. Die Schale von **1 Bio-Orange** dünn abschälen, die Orange und **1 weitere Orange** auspressen. In einem anderen Topf den Orangensaft mit **125 ml Apfelsaft** erwärmen, Orangenschale, **3 Nelken, 1 Zimtstange** und **2 Sternanis** zufügen. Ca. 10 Min. ziehen lassen, die Teemischung hinzufügen, erwärmen und durch ein Sieb gießen. Den Teepunsch auf vier Becher verteilen. Nach Wunsch noch **je 1 Schuss Rum** dazugeben.

# SANDDORNPUNSCH MIT VANILLE

VEG

**500 ml schwarzen Tee** frisch aufbrühen und nach Geschmack 3–5 Min. ziehen lassen. **1 Vanilleschote** längs aufschlitzen und das Mark herauskratzen. Den Tee mit Vanilleschote und -mark, **100 ml braunem Rum, 2 Sternanis** und **4 EL Sanddornsaft** in einem Topf erhitzen und einige Min. ziehen lassen. Vanilleschote und Sternanis herausnehmen und den Punsch auf vier Gläser verteilen. Nach Belieben mit **Kandiszucker** süßen.

Sanddornpunsch mit
Vanille, S. 142

# EGGNOG

**1 l Milch** in einem Topf erhitzen, aber nur leicht köcheln lassen. Inzwischen **4 Eigelb** mit **2 EL Zucker, 1 Pck. Vanillezucker, 1 Msp. Zimt** und **1 Msp. Muskatnuss** schaumig rühren. Die Eiermischung unter kräftigem Rühren mit dem Schneebesen in die Milch rühren. Dabei die Milch unter Rühren weiter erhitzen, sie darf aber nicht kochen, da sonst das Eigelb gerinnt. **50 ml Rum** und **50 ml Whisky** langsam unter Rühren zugießen. Den Eggnog heiß auf vier Tassen verteilen. Mit **etwas frisch geriebener Muskatnuss** bestreuen.

VEG

# APFEL-HOLUNDER-PUNSCH

**2 Bio-Orangen** auspressen, von einer Orange einige Schalenstücke dünn abschälen. **700 ml Apfelsaft** mit **200 ml Holunderbeersaft,** Orangensaft, Orangenschale und **2 Zimtstangen** in einem Topf aufkochen und ca. 10 Min. ziehen lassen. **1 Karambole** in dünne Scheiben schneiden, vier schöne Scheiben halb einschneiden und beiseitelegen, die restlichen auf vier Punschgläser verteilen. Die Zimtstangen und Orangenschalen herausnehmen, **2 EL flüssigen Honig** unterrühren und den Punsch in die vier Gläser gießen. Mit den Karambolescheiben garniert servieren. **Tipp:** Der alkoholfreie Punsch eignet sich für einen Kindergeburtstag.

# VEGANE MANDELMILCH

**4 EL gehackte Mandeln** in einer Pfanne ohne Fett anrösten. **2 getr. Datteln** fein hacken. **600 ml Mandelmilch** zusammen mit den gerösteten Mandeln, den Dattelwürfeln und **1 TL Lebkuchengewürz** in einem Topf erhitzen. Bei geringer Hitze ca. 8 Min. ziehen lassen. Alles mit einem Mixstab pürieren, nach Wunsch noch mit **2–4 TL Rohrzucker** süßen und auf vier Becher verteilen.

# ORANGEN-ESPRESSO MIT SAHNE

VEG

**100 ml Sahne** steif schlagen. Die Schale von **1/2 Bio-Orange** fein reiben, die Orangenhälfte auspressen. **4 Tassen Espresso** frisch aufbrühen. Den Espresso mit **2 EL Orangenlikör, 2 EL Zucker (nach Belieben)** und dem Orangensaft verrühren und in einem Topf nochmals kurz erhitzen. Den Espresso in vier Kaffeetassen gießen, die geschlagene Sahne darauf verteilen und mit Orangenschale bestreut servieren. **Tipp:** Der Orangen-Espresso ist eine raffinierte Alternative zu einem Dessert nach einem üppigen Hauptgang.

VEG

# HEISSE SCHOKOLADE MIT MINZE UND ORANGE

Die Schale von **1/2 Bio-Orange** fein abreiben. **4 Minzeblättchen** sehr fein hacken. **4 EL Kakaopulver** mit **4 TL Zucker** mischen. **1 l Milch** aufkochen und die Kakao-Zucker-Mischung unterrühren. Orangenschale, gehackte Minzeblättchen und **1 Msp. gem. Kardamom** unterrühren und alles noch einige Min. bei geringer Hitze ziehen lassen. Die heiße Schokolade auf vier Becher verteilen.

Heiße Schokolade mit Minze und Orange, S. 148

# THYMIANTEE

VEG

Die Blättchen von **1/2 Bund Thymian** abzupfen. **1 l Wasser** aufkochen und den Thymian damit überbrühen, ca. 5 Min. ziehen lassen. Nach Belieben mit **einigen TL Honig** süßen – besonders gut schmeckt Orangenblütenhonig dazu. **Tipps:** Thymian enthält viele für die Gesundheit wertvolle Stoffe, in erster Linie ätherische Öle, aber auch Flavanoide und Gerbstoffe. Thymiantee hilft, festsitzenden Husten zu lösen. Außerdem wirkt er beruhigend und eignet sich daher als abendlicher Schlummertrunk.

VEG

# GLÖGG

Die Schale von **1 Bio-Orange** dünn abschälen. **3 Kardamomkapseln** zerstoßen. **1 l trockenen, kräftigen Rotwein, 1–2 EL Angostura, 30 g Rosinen,** Orangenschale, Kardamom, **3 Gewürznelken, 1 Stück Ingwer (2 cm)** und **1 Zimtstange** mischen. Alles in einem Topf erhitzen, aber nicht kochen, und ca. 30 Min. ziehen lassen. **50 g Zucker** und **125 ml Aquavit** zugeben, umrühren und bei starker Hitze kurz aufkochen lassen. Sofort vom Herd ziehen und **20 ganze, geschälte Mandeln** zugeben.

# HUGO-TEE

VEG

**4 gehäufte EL getrocknete Pfefferminzblätter** mit **600 ml kochendem Wasser** überbrühen und ca. 8 Min. ziehen lassen. Den **Saft von 1 Limette** auspressen. **1 Bio-Limette** in dünne Scheiben schneiden. Den Pfefferminztee mit Limettensaft, **4 EL Holunderblütensirup** und evtl. **1–2 EL Zucker (nach Geschmack)** verrühren. Die Limettenscheiben und den Tee auf vier Becher verteilen.

# WARM UMS HERZ

## NASCHEREIEN & GEBÄCK

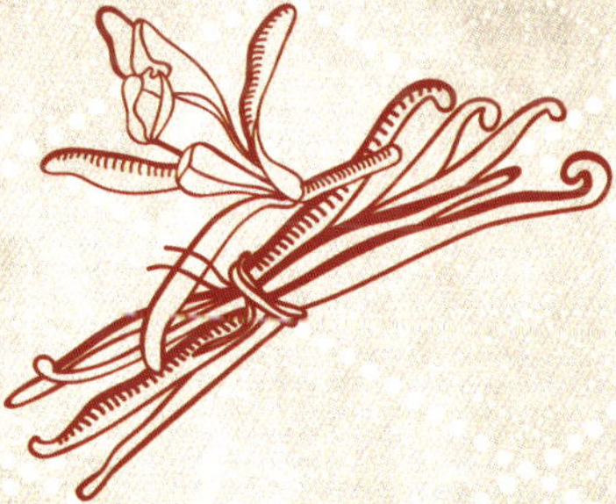

VEG

# VANILLE-BRATÄPFEL

Von **4 großen Äpfeln** einen Deckel abschneiden und die Äpfel etwas aushöhlen, dabei das Kerngehäuse entfernen. Die Äpfel mit **2 EL Zitronensaft** beträufeln und mit den Deckeln in eine mit **etwas Butter** gefettete Auflaufform setzen. **1/2 Pck. Puddingpulver** mit **250 ml Milch** und **2 EL Zucker** nach Packungsanleitung zubereiten und etwas abkühlen lassen. Den Backofen auf 200 °C vorheizen. **1 Ei** trennen und das Eigelb zügig unter den Pudding heben. Das Eiweiß mit **1 Prise Salz** steif schlagen und ebenfalls unterheben. Den Vanillepudding auf und um die Bratäpfel gießen. Die Bratäpfel im Backofen ca. 25 Min. goldbraun backen.
**Tipp:** Dazu passt eine Mandelsauce. Dafür 150 g Sahnejoghurt mit 1 EL Mandellikör (ersatzweise wenige Tropfen Mandelaroma) und 1 EL gem. Mandeln verrühren.

# BROWNIES MIT NÜSSEN

**200 g Zartbitter-Kuvertüre** grob hacken und mit **200 g Butter** in einem Topf unter Rühren langsam schmelzen. Kuvertüre abkühlen lassen. **3 EL Espressopulver** in **4 EL heißem Wasser** auflösen. **400 g gemischte Nüsse** nach Wahl grob hacken. **6 Eier, 350 g Zucker** und **2 Pck. Vanillezucker** mit dem Handrührgerät in ca. 8 Min. dicklich aufschlagen. Den Backofen auf 180 °C vorheizen. Die abgekühlte Schokomasse unter die Eimasse rühren. Den Espresso und **5 EL Whisky oder Rum** unterrühren. **270 g Mehl, 2 TL Backpulver** und **1/2 TL Salz** mischen und ebenfalls unterrühren. Die Nüsse zugeben und vorsichtig untermischen. Ein Backblech mit Backpapier belegen. Die Masse gleichmäßig auf dem Backblech verteilen und glatt streichen. Die Teigmasse auf der 2. Schiene von unten ca. 40 Min. backen. Den Kuchen abkühlen lassen und in ca. 20 Stücke schneiden.

# HERZPLÄTZCHEN MIT SCHOKOGLASUR

VEG

**450 g Mehl** mit **300 g weicher Butter, abgeriebener Schale von 1 Bio-Zitrone, 150 g Zucker, 150 gem. Mandeln** und **je 1 Msp. gem. Nelken, Zimt und Kardamom** zu einem Teig verkneten. Den Teig abgedeckt ca. 1 Std. kühl stellen. Die Arbeitsfläche mit **etwas Mehl** bestäuben und den Teig darauf ca. 4 mm dick ausrollen. Mit einer Ausstechform Herzen ausstechen und auf zwei mit Backpapier belegte Backbleche legen. Im vorgeheizten Backofen ca. 8 Min. backen. Die Plätzchen abkühlen lassen. Mit einem Teelöffel kleine Tupfer **Nuss-Nugat-Creme (insg. ca. 80 g)** auf der Hälfte der Herzen verteilen, die andere Hälfte der Plätzchen daraufsetzen und leicht andrücken. **200 g Zartbitterkuvertüre** in Stücke hacken, im Wasserbad schmelzen lassen und jeweils die Plätzchen zur Hälfte eines Herzens damit überziehen.

Herzplätzchen mit
Schokoglasur, S. 156

VEG

# MANDELSTOLLEN

**500 g Dinkelmehl (Type 630)** mit **3 Pck. Trockenhefe, 80 g Zucker** und **1 Prise Salz** in einer Schüssel mischen. **150 ml Milch** erhitzen, **200 g Butter** darin zerlassen und abkühlen lassen. In die Schüssel gießen und alles zu einem Teig verkneten. Zugedeckt ca. 45 Min. gehen lassen. **250 g gemahlene Mandeln** mit **70 g Zucker, 1 TL Zimt, 3 EL Rum** und **2 Eiern** verrühren, evtl. **etwas kaltes Wasser** zufügen. Ofen auf 200 °C vorheizen. Teig halbieren und jeweils ca. 20 cm lang oval ausrollen, die Füllung darauf verteilen und den Teig längs zusammenrollen. Zwei kleine Stollenformen mit **etwas Butter** fetten, die Stollen mit der Naht nach oben hineinlegen und ca. 30 Min. auf der untersten Schiene backen. Form abnehmen und noch ca. 6 Min. backen. **120 g Butter** zerlassen, Stollen damit bestreichen, ca. 6 Min. backen, mit **80 g Puderzucker** bestäuben.

VEG

# ZIMTEIS

**1 Eigelb** mit **60 g Zucker** schaumig schlagen und **125 ml Milch** unterrühren. **200 ml Sahne** halbsteif schlagen, dabei **1 Pck. Vanillezucker** und **1 gestr. TL Zimt** einrieseln lassen. Die Sahne unter die Eigelbmischung heben. Die Masse in einer Schüssel in das Tiefkühlgerät stellen, nach 30 Min. und nach 1 Std. Gefrierzeit jeweils durchrühren und dann mindestens 4 Std. gefrieren. Ca. 30 Min. vor dem Servieren herausnehmen. **Tipp:** Dazu schmeckt warmes Zwetschgenkompott (S. 176).

# TARTE TATIN

VEG

Den Boden einer Spring- oder Tarteform (Ø 28 cm) mit Backpapier belegen. **120 g Zucker** mit **2 EL Wasser** in einem Topf erhitzen und zu hellbraunem Karamell kochen. Den Karamell in die Form gießen. **600 g säuerliche Äpfel** schälen, vierteln, vom Kerngehäuse befreien und in Spalten schneiden. In **2 EL Zitronensaft** wenden und fächerförmig auf den Karamell legen. Den Backofen auf 175 °C vorheizen. **150 g Butter** erhitzen, bis sie hellbraun ist. Dann mit **80 g Zucker** und **1 Prise Meersalz** schaumig schlagen. **2 Eier** unterrühren. **150 g Mehl** mit **1 TL Backpulver** mischen und unter die Buttermasse rühren. Den Teig auf den Äpfeln verteilen. Den Kuchen auf der 2. Schiene von unten ca. 40 Min. im Backofen backen. Den Kuchen in der Form abkühlen lassen, dann auf einen Rost stürzen.

# MISSISSIPPI-MUD-PIE

VEG

**200 g Butterkekse** in einen Gefrierbeutel geben und fein zerkrümeln. **100 g Butter** in einem Topf zerlassen. Die flüssige Butter mit **3 EL kaltem Wasser** gut verrühren und mit den Keksbröseln mischen. Eine Springform (Ø 24 cm) mit Backpapier auslegen. Die Keksmischung in die Form geben, festdrücken und dabei einen 3 cm hohen Rand formen. Ca. 30 Min. kalt stellen. **200 g dunkle Schokolade** in Stücke brechen und mit **180 g Butter** und **3 EL Honig** in einen Topf geben. Langsam erhitzen, bis die Schokolade sich aufgelöst hat. Vom Herd nehmen und abkühlen lassen. Den Backofen auf 180 °C vorheizen. **80 g geschälte Mandeln** grob hacken. **4 Eier** in einer Schüssel gründlich verquirlen. Die flüssige Schokoladenmischung dazugeben und gut verrühren. Dann die Mandeln zugeben und alles auf dem Keksboden verteilen. Die Pie ca. 50 Min. backen.

VEG

# ALTNIEDERUNGER LEBKUCHEN

**500 g Zucker, 250 g Honig** und **250 g Rübensirup** in einem Topf unter Rühren erwärmen, bis sich alles gut verbunden hat. **10 g Pottasche** und **10 g Hirschhornsalz in 2 TL Rosenwasser** anrühren und mit **2 Eiern, 1,25 kg Mehl, 250 g Butter, 125 ml frisch gebrühtem Kaffee, je 1 Prise Salz und Pfeffer** und **1 Pck. Pfefferkuchengewürz** mischen. Die Zuckermischung unterrühren und alles zu einem glänzenden Teig verkneten. Den Teig abgedeckt 4 Std. ruhen lassen. Den Backofen auf 180 °C vorheizen. Den Teig nochmals durchkneten, in zwei Portionen teilen, jeweils auf Backblechgröße ausrollen und auf zwei mit Backpapier belegte Backbleche legen. Mit **beliebig vielen halben Mandelkernen** belegen. Ca. 40 Min. backen und noch warm in Stücke schneiden. Abkühlen lassen und in verschließbaren Blechdosen 2–3 Wochen ruhen lassen.

Altniederunger Lebkuchen,
S. 162

VEG

# BLUTORANGEN-CREME

**4 Blutorangen** auspressen und den Saft mit **40 g Puderzucker** glatt rühren. Erst **150 g Ricotta** mit **150 g Joghurt** und **100 g Mascarpone** verrühren und dann den Saft unterziehen. **2 kleine Orangen** so sorgfältig mit einem scharfen Messer schälen, dass die weiße Haut vollständig entfernt wird. Die Filets zwischen den Trennhäuten herausschneiden, den austretenden Saft noch unter die Creme rühren. Die Creme auf Schälchen verteilen und die Orangenfilets darauflegen. Mit **1 EL gehackten Pistazien** bestreut servieren.

VEG

# WEIHNACHTLICHE BEERENKONFITÜRE

**1 kg TK-Beerencocktail** auftauen lassen. Die Schale von **1 Bio-Orange** abreiben und den Saft auspressen. Die Beeren mit **500 g Gelierzucker 2:1** und **5 TL Lebkuchengewürz** mischen. In einem großen Topf aufkochen. Sobald die Masse kocht, unter Rühren ca. 2 Min. sprudelnd kochen lassen. Orangensaft und -schale unterrühren. Sofort in vorbereitete Twist-off-Gläser füllen und verschließen. Die Gläser umdrehen und ca. 5 Min. auf dem Deckel stehen lassen, dann umdrehen und vollständig abkühlen lassen.

VEG

# TIROLER KUCHEN

Den Backofen auf 160 °C vorheizen. **200 g Butter oder Margarine** mit **175 g Zucker** schaumig rühren. **6 Eier** trennen, die Eiweiße mit **1 Prise Salz** steif schlagen. Die Eigelbe nach und nach unter die Butter-Zucker-Masse rühren. **125 g Mehl (Type 550)** mit **1 TL Backpulver, 1 TL Zimt** und **1 Prise zerstoßenen Nelken** mischen und kurz unter den Teig rühren. **2 Tafeln Zartbitterschokolade** grob reiben und unterheben. Zum Schluss den Eischnee unterziehen. Eine Kastenform mit **etwas Butter oder Margarine** fetten und den Teig einfüllen. Den Kuchen im Ofen 10 Min. backen, dann die Temperatur auf 180 °C erhöhen und noch ca. 50 Min. backen (Stäbchenprobe machen). Auf einem Kuchengitter abkühlen lassen und aus der Form nehmen. **Tipp:** Der Kuchen schmeckt am besten, wenn er 3–4 Tage durchgezogen ist.

VEG

# GELBE GRÜTZE

Das Fruchtfleisch von **2 Mangos** von den Kernen schneiden und grob würfeln. **2 Grapefruits** so sorgfältig mit einem scharfen Messer schälen, dass die weiße Haut vollständig entfernt wird. Die Filets zwischen den Trennhäuten herausschneiden, dabei den Saft auffangen. **1 Ananas** achteln, vom Strunk befreien und die Schale abschneiden. Das Fruchtfleisch in Stücke schneiden. Von **500 ml Orangensaft** 6 EL abnehmen und mit **40 g Zucker** und **2 EL Speisestärke** verrühren. Den restlichen Saft erhitzen, die angerührte Stärke dazugeben und unter ständigem Rühren einmal aufkochen lassen. Die Früchte und **4 EL Zitronensaft** zugeben. Ca. 3 Min. bei mittlerer Hitze kochen lassen. Die Grütze mindestens 2 Std. kalt stellen. **Tipp:** Dazu passt mit Vanillezucker aromatisierte Schlagsahne oder Vanilleeis.

VEG

# MINI-FLORENTINER

**200 g Zucker, 4 EL Honig, 100 Butter** und **250 ml Sahne** aufkochen. Ca. 5 Min. bei geringer Hitze köcheln, dabei mehrmals umrühren. **50 g rote Belegkirschen** fein hacken. Mit **400 g gestiftelten Mandeln** zur Honigmasse geben. Ca. 5 Min. unter Rühren köcheln. Den Backofen auf 200 °C vorheizen. Die Masse mit zwei Teelöffeln in Häufchen auf zwei mit Backpapier belegte Bleche setzen, glatt streichen und auf der 2. Schiene von unten ca. 15 Min. backen. Abkühlen lassen. **200 g Zartbitter-Kuvertüre** im Wasserbad schmelzen, die Florentiner damit von unten bestreichen und trocknen lassen. In gut verschließbaren Blechdosen aufbewahren.

VEG

# APRIKOSENKRAPFEN

**150 g getr. Aprikosen** würfeln und in **3 EL Rum (oder Orangensaft)** einlegen. **500 g Mehl, 1 Pck. Trockenhefe, 50 g Zucker, 1 Prise Salz, 2 Eier, 250 ml lauwarme Milch** und 2 TL abgeriebene Schale von **1 Bio-Zitrone** zu einem glatten Teig verarbeiten. Abgedeckt an einem warmen Ort ca. 1 Std. gehen lassen. Den Teig auf die mit **Mehl** bestäubte Arbeitsfläche geben und durchkneten. Mit einem Esslöffel kleine Krapfen abstechen und zugedeckt ca. 30 Min. gehen lassen. Mit einem Kochlöffelstiel Löcher in die Krapfen bohren, mit den Aprikosen füllen und verschließen. **750 g Fett zum Frittieren** in einer Fritteuse oder einem Topf auf 160 °C erhitzen. Krapfen darin ca. 4 Min. frittieren. Herausnehmen und auf Küchenpapier abtropfen lassen. **100 g Zucker** und **1 TL gem. Zimt** mischen und die Krapfen darin wälzen.

VEG

# BUCHTELN MIT PUDERZUCKER

**1/2 Würfel frische Hefe** zerbröckeln, mit **125 ml warmer Milch** und **50 g Mehl** verrühren. Den Vorteig 20 Min. gehen lassen, bis er Blasen wirft. **50 g Butter** in **125 ml warmer Milch** zerlassen. Die Schale von **1 Bio-Zitrone** abreiben. Den Vorteig mit **300 g Mehl,** Zitronenschale, **1 Prise Salz, 30 g Zucker, 2 Eiern** und der Butter-Milch-Mischung mit den Knethaken des Handrührgeräts zu einem glatten Teig verkneten. Zugedeckt an einem warmen Ort ca. 45 Min. gehen lassen, bis sich das Teigvolumen verdoppelt hat. Den Backofen auf 180 °C vorheizen. **50 g Butter** zerlassen. Eine ofenfeste Form dick mit **etwas Butter** fetten. Den Teig in 12 Portionen teilen und zu Kugeln formen. In die Form setzen, mit der restlichen Butter bestreichen und ca. 25 Min. backen. Mit **1 EL Puderzucker** bestäuben. **Tipp:** Dazu passt Zwetschgenkompott (S. 176).

Buchteln mit
Puderzucker, S. 170

VEG

# ORANGEN-CANTUCCINI

Den Backofen auf 200 °C vorheizen. **180 g Mandeln** auf einem Blech verteilen und ca. 5 Min. rösten. Auf ein Geschirrtuch geben und die Haut abreiben. **120 g Zucker, 1 TL gem. Kardamom,** 1 TL abgeriebene Schale von **1 Bio-Orange,** das Mark von **1 Vanilleschote, 1 Pck. Orangenzucker, 25 g weiche Butter** und **3 Eier** mit dem Handrührgerät kurz verrühren. **250 g Mehl, 1 gestr. TL Backpulver** und **1 Prise Salz** mischen, zugeben und zügig zu einem nicht zu weichen Teig verarbeiten. Mandeln rasch unterkneten. Den Teig zu drei Rollen (Ø ca. 2 cm) formen und in Folie gewickelt ca. 1 Std. kalt stellen. Die Rollen im vorgeheizten Backofen bei 180 °C ca. 18 Min. backen. Cantuccini ca. 5 Min. abkühlen lassen, schräg in ca. 1 cm dicke Scheiben schneiden. Nun nochmals bei 150 °C ca. 15 Min. backen. Herausnehmen und abkühlen lassen.

VEG

# FRUCHTWÜRFEL

**4 EL Zuckerrübensirup** mit **50 g Butter oder Margarine** in einem Topf erwärmen, verrühren und abkühlen lassen. **4 Eier, 175 g Dinkelvollkornmehl, 1 TL Backpulver, 1 Pck. Lebkuchengewürz, 100 g Rosinen, 100 g gem. Haselnüsse** und **2 EL Rum** in eine Schüssel geben und mit der Sirup-Butter-Mischung verrühren. **250 g gemischte Trockenfrüchte (z. B. Aprikosen, Datteln und Feigen)** klein schneiden, mit **50 g Orangeat** unter den Teig mischen und diesen ca. 15 Min. ruhen lassen. Den Backofen auf 200 °C vorheizen. Ein Backblech mit Backpapier belegen, den Teig daraufgeben und glatt streichen. Im Backofen auf der obersten Schiene ca. 25 Min. backen. Abkühlen lassen und in 3 x 3 cm große Würfel schneiden.

**Tipp:** Nach Belieben kann der gebackene Teig noch mit einer Glasur aus 200 g Zartbitterkuvertüre überzogen werden.

# WALNUSSKUCHEN

VEG

Den Backofen auf 175 °C vorheizen. **125 g Walnusskerne** hacken und mit **100 g Zucker, 2 EL weicher Butter** und **1 TL Zimtpulver** mischen. **250 g Butter, 200 g Zucker, 1 Pck. Vanillezucker** und **1 Prise Salz** mit den Schneebesen des Handrührgerätes cremig rühren. **5 Eier** nacheinander unterrühren. **450 g Mehl** und **1 Pck. Backpulver** mischen und abwechselnd mit **100 ml Milch** unterrühren. Den Teig auf ein mit Backpapier ausgelegtes Backblech streichen und die Nussmischung darauf verteilen. Im Backofen 30–40 Min. backen (Stäbchenprobe machen). Den Kuchen abkühlen lassen und dann in Stücke schneiden.

VEG

# ANANAS-KOKOS-ECKEN

**180 g Butter, 120 g Zucker, 1 Prise Salz** und die abgeriebene Schale von **3 Bio-Limetten** mit den Knethaken des Handrührgeräts verrühren. **2 Eier** unterarbeiten. **300 g Mehl** mit **1 TL Backpulver** mischen und unterkneten. Den Teig in Frischhaltefolie wickeln und ca. 1 Std. kalt stellen. Den Backofen auf 180 °C vorheizen. Teig auf einem mit **Butter** gefetteten Backblech ausrollen und mit einer Gabel einstechen. Auf der untersten Schiene ca. 12 Min. vorbacken. **100 g getr. gezuckerte Ananasstücke** sehr fein hacken. **150 g Butter** und **100 g Zucker, 1 Pck. Vanillezucker** und **6 EL Limettensaft** aufkochen. **100 g Kokosraspel, 100 g Mandelblättchen** und die Ananasstücke zugeben und erneut aufkochen. Die Masse auf den Teig geben und glatt streichen. Ca. 12 Min. backen. Abkühlen lassen und erst in 6 x 6 cm große Quadrate, dann in Dreiecke schneiden.

# ZWETSCHGENKOMPOTT

VEG

**600 g Zwetschgen** entsteinen und vierteln. **50 g Zucker** mit **100 ml Portwein (oder rotem Traubensaft), 200 ml Apfelsaft, 1 Zimtstange** und **2 Sternanis** aufkochen. Die Zwetschgen darin aufkochen und ca. 2 Min. garen. Zwetschgen mit einer Schaumkelle herausnehmen. **3 EL Portwein (oder roten Traubensaft)** mit **2 EL Speisestärke** verrühren und unter Rühren in den kochenden Sud geben. Ca. 2 Min. kochen lassen. Die Zwetschgen wieder in den Sud geben. Warm oder abgekühlt servieren.

**Tipp:** Das Zwetschgenkompott schmeckt nicht nur zu Süßem wie Pfannkuchen oder Buchteln (S. 170), sondern auch zu Braten oder würzigem Käse.

VEG

# GEBRANNTE MANDELN

**200 g geschälte Mandeln** in einer Pfanne ohne Fett goldgelb rösten. **200 g Puderzucker** und **1 Prise Zimt** bei mittlerer Hitze in einer zweiten Pfanne schmelzen, dabei nicht zu dunkel werden lassen. Die Mandeln dazugeben, umrühren und ca. 5 Min. karamellisieren, bis sie vom Karamell überzogen sind. Die Pfanne vom Herd nehmen und die Mandeln abkühlen lassen. Dann noch einmal erhitzen, bis der Karamell geschmolzen ist und die Mandeln wieder überzogen hat. Ein Backblech oder Brett mit Backpapier belegen, die Mandeln daraufgeben und voneinander trennen. Kalt werden lassen und kühl und trocken aufbewahren ... oder sofort genießen.

# INGWER-ORANGEN-HEIDESAND

VEG

**250 g Butter** zerlassen und bei milder Hitze bräunen. In eine Schüssel geben und abkühlen lassen. **100 g kandierten Ingwer** sehr fein hacken. Die Butter mit den Schneebesen des Handrührgerätes cremig aufrühren, **150 g Zucker, 1 Prise Salz** und 1 TL abgeriebene Schale von **1 Bio-Orange** unterrühren. **375 g Mehl,** den Ingwer und **6 EL Orangensaft** unterkneten. Teig zu Rollen (Ø ca. 4 cm) formen, in Frischhaltefolie wickeln und mindestens 4 Std. kühl stellen. Den Backofen auf 180 °C vorheizen. **1 Pck. Orangenzucker** und **20 g Zucker** mischen. Die Rollen in der Zuckermischung wälzen. In ca. 8 mm dicke Scheiben schneiden. Auf zwei mit Backpapier belegte Backbleche setzen und die Plätzchen auf der 2. Schiene von unten 12–15 Min. backen.

VEG

# PALATSCHINKEN MIT NUSSFÜLLUNG

Für den Teig **1 EL Butter** zerlassen. **100 g Mehl** in eine Schüssel sieben, **1 Prise Salz** und **1 EL Zucker** dazugeben. Mit **150 ml Milch** glatt rühren. **2 Eier** und die flüssige Butter untermischen. So viel **Mineralwasser (ca. 100 ml)** unterrühren, dass ein dünnflüssiger Teig entsteht. Den Teig 20 Min. quellen lassen. **Öl oder Butterschmalz** in einer beschichteten Pfanne erhitzen und mit einer Schöpfkelle Teig hineingeben. Den Teig von beiden Seiten goldbraun braten, auf Küchenkrepp abtropfen lassen. Fertige Palatschinken im Backofen bei 70 °C warm halten. Für die Nussfüllung **250 ml Milch** erhitzen. **250 g gem. Haselnüsse** und **1 Pck. Vanillezucker** hineingeben und unter Rühren ca. 3 Min. dicklich einkochen lassen. Die Füllung auf die Palatschinken verteilen und diese zusammenklappen.

# PFLAUMEN-CRUMBLE

VEG

Den Backofen auf 200 °C vorheizen. **125 g Mehl, 75 g gem. Haselnüsse, 100 g Zucker** und **1 Pck. Vanillezucker** mischen. **100 g kalte Butter** würfeln, zugeben und mit den Knethaken des Handrührgeräts zu Streuseln verarbeiten. Den Teig in Frischhaltefolie gewickelt ca. 30 Min. kalt stellen. **800 g Pflaumen** entsteinen und in eine mit **etwas Butter** gefettete Auflaufform geben. Mit **3 EL Rohrzucker** und **1 TL Zimt** bestreuen und die Teigstreusel darauf verteilen. Im Backofen ca. 40 Min. backen. Warm servieren. **Tipps:** Bereiten Sie gleich mehrere Portionen Teig zu und frieren Sie diese ein. Anstelle der Pflaumen können andere frische Früchte, Tiefkühlware oder Kompott verwendet werden. Tiefgefrorenes Obst können Sie unaufgetaut in die Form geben.

Pflaumen-Crumble,
S. 180

VEG

# BUTTER-S

**250 g Butter** mit **125 g Zucker, 6 Eigelb** und **375 g Mehl** zu einem Teig verkneten. Den Teig abgedeckt ca. 1 Std. kalt stellen. Den Backofen auf 190 °C vorheizen. Aus dem Teig fingerdicke Rollen formen, diese in ca. 3 1/2 cm lange Stücke schneiden und jeweils zum „S" formen. Die Butter-S auf zwei mit Backpapier belegte Backbleche legen und im Backofen 15–20 Min. goldgelb backen. Inzwischen den Saft von **1 Zitrone** auspressen. **1 EL heißes Wasser** mit **200 g Puderzucker** und dem Zitronensaft zu einer dickflüssigen Glasur verrühren. Mit einem Backpinsel die Glasur auf die noch warmen Plätzchen streichen und trocknen lassen. In gut verschließbaren Dosen aufbewahren. **Tipp:** Die Eiweiße für die Amarettini (S. 185) verwenden.

VEG

# SCHERBEN – FASCHINGSGEBÄCK

**75 g Butter** in einem Topf zerlassen. **1/2 Vanilleschote** längs aufschlitzen und das Mark herauskratzen. **500 g Mehl, 1 Pck. Backpulver, 1 Prise Salz, 125 g Puderzucker, 4 Eier, 75 g Schmand,** 1 TL abgeriebene Schale von **1 Bio-Zitrone,** zerlassene Butter und Vanillemark zu einem glatten Teig verkneten. Zugedeckt ca. 30 Min. in den Kühlschrank stellen. Die Arbeitsfläche mit **etwas Mehl** bestäuben, den Teig ca. 3 mm dick ausrollen und in ca. 5 x 5 cm große Quadrate schneiden. Jedes Quadrat dreimal einschneiden. Reichlich **Butterschmalz** (je nach Größe des Topfes) in einem flachen Topf auf 170 °C erhitzen und die Teigquadrate darin von allen Seiten goldbraun backen. Mit einem Schaumlöffel herausnehmen, auf Küchenpapier abtropfen lassen, leicht abkühlen lassen und mit **etwas Puderzucker** bestäuben.

# GEWÜRZKUCHEN IM GLAS

VEG

**250 g weiche Butter** mit **220 g Zucker** und **1 Pck. Vanillezucker** schaumig rühren. **4 Eier** nacheinander unterrühren. **300 g Mehl, 2 TL Backpulver, 1 Prise Salz, 50 g Kakaopulver, 3 Tropfen Bittermandelöl, 1 Msp. gem. Nelken, 1 Msp. Muskatnuss** und **1 gestr. TL Zimt** mischen. Die Mischung abwechselnd mit **125 ml Milch** nach und nach unter den Teig rühren. **8 Einmachgläser (à 290 ml)** sterilisieren, dann gut mit **etwas Butter** ausfetten, die Ränder frei lassen. Den Backofen auf 175 °C vorheizen. Die Gläser jeweils zu 2/3 mit dem Teig füllen, dabei darauf achten, dass die Ränder sauber bleiben. Die Gläser in den Backofen stellen und ca. 30 Min. backen, sofort verschließen. **Tipps:** Die Kuchen sind etwa 3 Monate haltbar. Nach dem gleichen Rezept kann ein Kastenkuchen (25 cm Länge) gebacken werden. Die Backzeit beträgt dann ca. 1 Std.

VEG

# AMARETTINI

**600 g gem. Mandeln, 12 Tropfen Bittermandelaroma** und **600 g Zucker** in einer großen Rührschüssel mit einem Löffel verrühren. **6 Eiweiß** mit **1 Spritzer Zitronensaft** und **1 Prise Zucker** ca. 10 Min. sehr steif schlagen. Den Eischnee zunächst mit einem Teigspatel, dann mit einem Löffel unter die Mandelmischung heben. Den Backofen auf 160 °C vorheizen und zwei Backbleche mit Backpapier belegen. Mit einem Teelöffel ca. 2 cm große Kugeln von der Mandelmasse abteilen und auf die Backbleche setzen. Im Backofen ca. 20 Min. backen. Abkühlen lassen und mit **100 g Puderzucker** bestäuben. **Tipps:** Wer möchte, drückt vor dem Backen in jede Makrone noch 1/2 geschälte Mandel. Die Eigelbe können für die Butter-S (S. 182) verwendet werden.

VEG

# KLASSISCHER CHRISTSTOLLEN

**50 g Zitronat** fein hacken, mit **je 100 g Korinthen und Rosinen** in **4 EL Rum** über Nacht einweichen. **175 ml lauwarme Milch** mit **55 g frischer Hefe** und **1 EL Zucker** verrühren, ca. 15 Min. gehen lassen. Den Vorteig mit **550 g Mehl, 125 gem. Mandeln, 1 Ei, 100 g Zucker, 1 Pck. Vanillezucker, 2 TL Stollengewürz,** Abrieb von **1 Bio-Zitrone** und **200 g Butter** verkneten. Zugedeckt ca. 2 Std. gehen lassen; durchkneten und Trockenfrüchte unterkneten. Auf einem mit Backpapier belegten Blech ca. 40 cm lang oval ausrollen, mit der Teigrolle längs eine Vertiefung eindrücken, eine Teighälfte überklappen. Abgedeckt ca. 2 Std. gehen lassen. In den auf 210 °C vorgeheizten Backofen geben, Temperatur auf 175 °C reduzieren und ca. 1 Std. backen. **100 g Butter** zerlassen, Stollen bestreichen und mit **100 g Puderzucker** bestreuen. In Alufolie gewickelt ca. 3 Wochen ruhen lassen.

VEG

# SAFTIGER BIRNENKUCHEN

**3 vollreife Williams-Christ-Birnen** schälen, entkernen und achteln, mit **1 EL Zitronensaft** beträufeln. **200 g Butter oder Margarine** mit **150 g Zucker** schaumig rühren, nacheinander **5 Eier** unterrühren. **200 g Dinkelmehl (Type 630)** mit **100 g gem. Haselnusskernen, 1/2 Pck. Backpulver** und **1 Prise Salz** mischen und kurz unter den Teig rühren. **100 g Schokostreusel** unterheben. Den Backofen auf 170 °C vorheizen. Eine Springform (Ø 26 cm) mit **etwas Butter** fetten, den Teig einfüllen und glatt streichen. Die Birnenachtel auf dem Teig verteilen und leicht hineindrücken. Den Kuchen im Backofen ca. 1 Std. backen. Auf einem Kuchengitter abkühlen lassen, mit **etwas Puderzucker und Kakaopulver** bestäuben.

VEG

# DINKELWAFFELN MIT KIRSCHKOMPOTT

**80 g Butter** mit **60 g Rohrzucker** und **1 Pck. Vanillezucker** schaumig rühren. Nacheinander **3 Eier** unterrühren. **300 g Dinkelmehl (Type 630)** mit **1/2 Pck. Backpulver** mischen. Mehlmischung und **ca. 375 ml Milch** abwechselnd unter den Teig rühren. Der Teig soll reißend vom Löffel fallen. **Ein Waffeleisen** vorheizen. Mit **etwas Butter** fetten und aus dem Teig nacheinander ca. 10–12 Waffeln backen. Bereits gebackene Waffeln können bei 70 °C im Backofen warm gehalten werden. **1 Glas Sauerkirschen** abtropfen lassen, den Saft auffangen. 2 EL des Saftes mit **1 EL Speisestärke** und **1 Msp. Zimt** verrühren. Den Kirschsaft in einem Topf aufkochen, die angerührte Stärke dazugeben und unter Rühren köcheln, bis die Flüssigkeit andickt. Die Kirschen zugeben und kurz im Sud erwärmen.

## Hauptgerichte

## Getränke

## Kuchen und Gebäck



## Süßes und Desserts